データで読み解く世代論

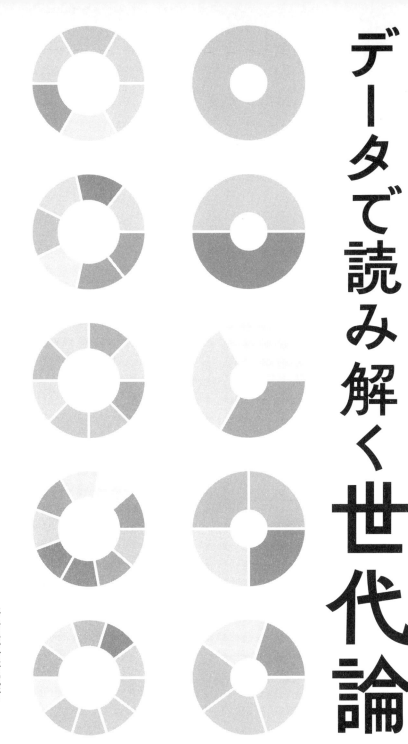

野村総合研究所
林 裕之
HIROYUKI HAYASHI
【著】

中央経済社

はじめに

　私が本書「データで読み解く世代論」を書籍としてまとめようと考えたのは，近年ビッグデータ解析やアナリティクス，AIなどの技術により消費者の行動データ（購買データや移動データなど）の解析を，ひと昔ほどの多大な労力を掛けずにできるようになったと感じたことがきっかけである。これだけを聞くと，書籍出版の理由として矛盾しているように聞こえるかもしれない。個々人の行動データが取得でき，その行動データを解析さえすれば消費者個々人に向けたアプローチをするには十分であり，マーケティングリサーチすら不要との声が出ることもある。しかし，人が人のために商品やサービスを考案し，世の中に適切に打ち出していくためには，コミュニケーション戦略立案やマーケティング施策検討の根拠となるデータを用意するだけでなく，なぜそのようなデータが示されるのかといった「人による考察」は必要である。

　近い将来，多くの分析業務がAIに取って代わられる可能性はあるが，最終的な判断は人が行うべきであり，そのためにはAIにより導出された最適解であっても，なぜそのような結果が導かれたのか，この結果でGoサインを出すべきか，適切に判断するための知識はいつの世でも必要になる。幾何学の「パスカルの定理」や物理学の「パスカルの原理」などでも知られるフランスの哲学者パスカルは「人間は考える葦（あし）である」（※葦とは湿地に生える背の高いイネ科の植物のこと）と名言を残しているが，AIによる最適解を鵜呑みにし，考えることを放棄してしまったら，人はただの葦（あし）になってしまう。自分の頭で考えるためにさまざまな知識を得る必要があるが，「日本の消費者のことを正しく知る」こともその1つではないだろうか。

　日本の消費者に関して考察された研究は多い。特に，消費者の行動やその背景にある価値観変化を考察する観点として，「加齢効果」「時代効果」「世代効果」といった3つの視点で分析する場合が多く，このような分析は「コーホート分析」と呼ばれる。

「加齢効果」とは加齢によって個人の意識・行動が変化するものを示す。一人の人間を見ても，20代の頃と40代の頃，60代の頃では消費における価値観や消費が変わってくることが挙げられる。これらは，単純に年齢が増したことだけでなく，結婚して家族が増えることで消費の中心が個人から世帯に代わり，また子どもが巣立つことで老後では個人消費に戻る（もしくは孫消費が生まれる）といったライフステージ変化の影響も含まれる。

　「時代効果」とは年齢によらず時代とともに変化するものを示す。景気変動や流行，テクノロジー変化によって価値観や行動が変わることが挙げられる。例えば，スマートフォンの登場による影響は凄まじく，消費においては情報収集のあり方がマス広告からデジタルにシフトしたり，余暇の楽しみ方として手軽に動画を視聴するようになったのは年齢にかかわらず多くの人に見られる傾向であった。

　最後に「世代効果」とは，同じ時期，同じ時代に生まれ，同じ社会環境で育った人たちに見られる共通的な価値観・行動を示す。特に学生時代や新人社会人の頃に体験したことがその世代に共通的に見られる価値観・行動として現れることが多い。

　現実的には，「加齢効果」や「時代効果」が消費者の価値観や行動に与える影響が大きいのだが，この2つに着目するだけでは見誤るおそれがある。

　例えば「加齢効果」ではライフステージ変化も含まれるが，ひと昔前は当たり前のように結婚し，夫婦と子ども2人くらいで世帯を構成するのが一般的で，企業もこうした標準世帯に向けたマーケティング活動をしてきた。しかし今では結婚しない人も増え，また結婚しても子供を持たない選択を取る人も多くなり，加齢効果による変化として日本の消費者全体を一括りに考察することが難しくなってきている。結婚観や家族観は，その人の生まれ育った社会環境の中で異なってくることは世代論を学ぶことで知っておくことが必要である。

　また「時代効果」においても，起こる現象は世代共通でも，それがどのくらいの影響を及ぼすかは世代によって異なる。例えばスマートフォンの登場によって情報収集のあり方は大きく変わったが，初めて手にした携帯電話がス

マートフォンであるZ世代とガラケーであった世代（Z世代より上の世代）を比較しても情報収集の仕方が異なっており，特にZ世代の新しいデジタル技術に対する適応の早さには驚かされる。今後はメタバースによって他者とのコミュニケーションのあり方も大きく変わるかもしれないが，デジタルに親和性の高いZ世代とそれより上の世代ではメタバースに対する関心も向き合い方も大きく異なってくるだろう。

「加齢効果」や「時代効果」の影響を「世代効果」と切り分けることは困難であるため，日本の消費者のことを正しく知るためには，その世代が生まれ育った背景にある社会環境の影響，すなわち「世代効果」を含めて正しく理解することが重要である。

世代についてはこれまでも多くの書籍やレポートにて考察・紹介されることが多かった。これまでの書籍やレポートでは定性的な考察が多く，それはそれで読み物としては面白いものの，それらが本当に世代の特徴として示されるものであるのか，改めて検証したくなったことも本書を出す動機となっている。

野村総合研究所（NRI）には過去四半世紀にわたって同一設問・項目により調査を続けてきた「生活者1万人アンケート調査」があり，その長期時系列の調査結果を分析することで今の20代と昔の20代を比較するようなことが可能となる。そこで，NRIで実施されてきた様々な消費者調査の結果をベースに，データにより導かれる世代間の特徴や時系列変化を分析し，一冊の書籍として取りまとめたものが本書である。

本書では多くの分析データを掲載している。定説通りの結果が示されているものもあれば，そうでない意外な結果が示されているものもある。データで読み解くことを楽しみながら，日本人の各世代の特徴を知ってもらえたら幸いである。

2023年9月

林　裕之

目　次

序　章

本書における世代分析と定義

［1］　長期時系列データを用いた世代別分析の意義

　一般的にマーケットを分析する場合，消費者を複数の層に分類する軸としては，地理的変数（エリア，都市規模，人口密度等），人口統計学的な変数（性別，年齢，家族構成，所得，職業，学歴，宗教等），心理的変数（価値観・ライフスタイル等），行動変数（購買頻度，使用経験等）が挙げられる。その中で日本においては，地域，人種，言語，宗教，収入などによる差が他国と比較して小さいということが一般的にいわれており，二つ目の年齢や所得を含む人口統計学的な変数を消費者層の軸として用いることが多い。

　特に年齢は，政府統計においても10歳階級（10歳刻み）や5歳階級（5歳刻み）の集計値で示すことが多く，一般企業でも調査データや顧客データの分析においては10歳刻みの年代ごとに分解してデータを見ることが多い。また，人口が特に多い層である団塊世代（一般的には1947～49年生まれとされる），団塊ジュニア世代（同様に一般的に1971～74年生まれを指すとされる）などの「世代」に注目した分析もよくなされてきた。それは戦後，高度経済成長を遂げ，近代的で豊かな消費生活が急速に広がったという経緯から，人生のどの時期に経済成長や新しい消費生活，さまざまな技術革新を経験したかによって，個々人の価値観や消費行動，新商品・サービスの受容性に差が生じる傾向が強かったためである。

　「世代別の分析」を時系列データに基づき進めることにより，価値観や消費意識がどう変わってきたのかが分かり，それに基づいて今後その世代の変わる部分と変わらない部分が何かについての示唆を得ることができる。さらに，異なる世代が同年齢時期にどのように考えて行動したかをデータにより比較することで，加齢による影響を考慮した形での分析が可能となる。

　以上のような問題意識に基づき，本書ではNRIが独自で実施している生活者調査，特にNRI「生活者1万人アンケート調査」を用いた世代別分析を実施する。

　NRI「生活者1万人アンケート調査」は1997年を初回とし，以降3年ごとに

実施してきた長期時系列調査である。最新の調査は2021年8月に実施した9回目の調査である。これまで四半世紀にわたって日本人の価値観・意識・行動の変遷を分析してきた。昨今の大規模調査はインターネット調査が主流であるが、NRI「生活者1万人アンケート調査」では訪問留置法により一戸一戸を訪問し、層化二段無作為抽出法で地域・性年代構成が日本人の縮図となるようにランダムに抽出された対象者に回答を依頼している。そうすることで、ネット利用によらない日本の消費者の実態・変化を捉えることができる。

　NRI「生活者1万人アンケート調査」では四半世紀にわたって同一内容の項目・選択肢で聴取している設問が多いため、図表0-1に示すように異なる世代で同年齢時期の比較分析が可能となる。例えば、2021年調査時点で50代に該当するバブル世代は1997年調査時点では20代〜30代であったため、2018年調査時点のさとり世代と分析結果を比較することができる。世代の定義および調査年のタイミングにより多少比較する年齢帯が異なるが、「団塊世代−ポスト団塊世代−バブル世代」の比較や「バブル世代−団塊ジュニア世代−ポスト団塊ジュニア世代-さとり世代」の比較が可能となる。

　したがって本書では、NRI「生活者1万人アンケート調査」の結果をベースに、図表0-1で示すように同年齢時期の比較分析や隣接する世代の比較分析をすることで、世代の特徴をデータにより読み解いていく。なおコロナ禍による価値観・行動変化の影響を考慮し、同年齢時期による比較分析は2018年調査までとし、2021年調査はコロナ禍前と比較して傾向が大きく変化した箇所について論じることにする。

図表0−1　NRI「生活者1万人アンケート調査」の結果を用いた世代別分析のフレーム

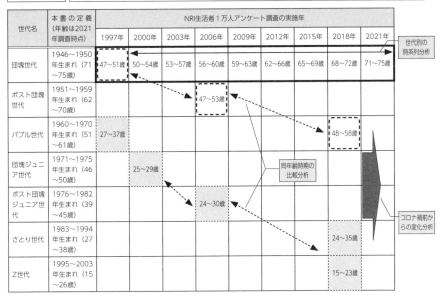

（出所）NRI作成

［2］本書における世代の定義（価値観の違いから世代を再定義）

　世代は，生まれ育った時代背景やその人たちの価値観，行動特性から実にさまざまな呼ばれ方がされている。「団塊世代」，「しらけ世代」，「新人類世代」，「バブル世代」，「氷河期世代」，「団塊ジュニア世代」，「ロスジェネ世代」，「ゆとり世代」，「さとり世代」…と，さまざまな世代名称があるのを聞いたことがあるだろう。しかし，例えば「団塊世代」については厚生労働省の白書において1947年〜1949年生まれと記されているものの，一般的にはそれぞれの世代に厳密な定義が定まっているわけではない。

　そこで本書では，これまで世代論を扱ってきた文献や，時代背景，技術革新の動向などを確認しつつ，NRI「生活者1万人アンケート調査」で取得している生活価値観・消費価値観の分析内容から，世代区分の定義を行った。特に，

生活価値観・消費価値観の分析においては，15歳〜79歳までの約10,000人の調査サンプルを1歳刻みで集計し，価値観ギャップが発生している年齢を世代間の区切りとしている。この分析方式を，3年ごとの各調査年で実施し，加齢によらない価値観ギャップが存在していることを確認している。そのため，一般的にいわれている世代論の定義と若干ずれるところがあるが，ご承知いただきたい。

　この定義に基づく分析結果の詳細は，以降の章ごとに紹介するが，主な特徴を整理すると図表0-2のようになる。なお，NRI「生活者1万人アンケート調査」の価値観分析から定義した「世代名称」，「生まれ年」そして「各調査年における年齢」は図表0-3のとおりである。

| 図表 0-2 | 本書における世代の定義と主な特徴 |

世代名	一般的な定義	本書の定義 (年齢は2021年調査時点)	主な特徴
団塊世代	戦後の1947～49年の3年間に生まれた第一次ベビーブーム世代	1946～1950年生まれ (71～75歳)	・人口が多く厳しい競争環境下で成長 ・「男は仕事, 女は家庭」の性別役割分業意識から夫婦歩み寄りの価値観へ ・流行に敏感 ・人とのつながりを重視 ・情報収集はテレビ, ラジオ, 新聞が中心
ポスト団塊世代	団塊世代の後に生まれた世代	1951～1959年生まれ (62～70歳)	・団塊世代の後を追って成長 ・人とのつながりを重視 ・スマホ保有率は6割で団塊世代の3割よりは高いものの, 情報収集はテレビが中心
バブル世代	バブル経済期に社会人となった世代で1965～70年生まれを指すことが多い	1960～1970年生まれ (51～61歳)	・右肩上がりの消費生活を謳歌して成長 ・女性の就業には自由な考え方をもつ ・ブランド志向が強く, 他人からどう見られるかを気にする ・最近, 百貨店の利用が復活 ・情報収集はテレビとインターネットの両方を活用
団塊ジュニア世代	1971～1974年の第二次ベビーブームに生まれた世代	1971～1975年生まれ (46～50歳)	・団塊世代の子どもにあたり, 人口が多い ・就職氷河期の影響を受けた世代 ・学歴重視で子供の教育にはお金をかける ・他人より自分を大事にするマイペースな価値観 ・子供の時に誕生したテレビゲーム, マンガ, コンビニと共に育った世代 ・情報収集はインターネットが中心
ポスト団塊ジュニア世代	団塊ジュニア世代の後に生まれた世代	1976～1982年生まれ (39～45歳)	・さらに就職氷河期が続く2000年前後以降に就職した世代 ・自分のライフスタイルへのこだわりが一層, 強くなった世代 ・よりデジタル情報志向が強い
さとり世代	バブル経済崩壊後の時期に成長した世代	1983～1994年生まれ (27～38歳)	・失われた20年の中で成長しており, 超安定志向で競争よりも協調重視 ・仕事よりもプライベート重視の傾向が強い ・インターネット利用が1日約3時間におよぶ ・消費意識も保守的で失敗したくない傾向が強い
Z世代	インターネット, スマートフォンが既に身近にあって育った世代	1995～2003年生まれ (15～26歳)	・高校生になる前にスマホが発売されている世代 ・SNSで情報発信する傾向がさらに強い ・つながり重視でインターネットで知り合った友人は2割いる

注　本書の定義に従い, 以下の節ではNRI「生活者1万人アンケート調査」のデータを分析している。
（出所）NRI「生活者1万人アンケート調査」の分析結果をもとに作成

| 図表0-3 | 本書における世代定義「世代名称」「生まれ年」「各調査年における年齢」 |

各調査年における年齢

世代名称	生まれ年	1997年	2000年	2003年	2006年	2009年	2012年	2015年	2018年	2021年
焼け跡世代	1939年	58	61	64	67	70	73	76	79	82
	1940年	57	60	63	66	69	72	75	78	81
	1941年	56	59	62	65	68	71	74	77	80
	1942年	55	58	61	64	67	70	73	76	79
	1943年	54	57	60	63	66	69	72	75	78
	1944年	53	56	59	62	65	68	71	74	77
	1945年	52	55	58	61	64	67	70	73	76
団塊世代	1946年	51	54	57	60	63	66	69	72	75
	1947年	50	53	56	59	62	65	68	71	74
	1948年	49	52	55	58	61	64	67	70	73
	1949年	48	51	54	57	60	63	66	69	72
	1950年	47	50	53	56	59	62	65	68	71
ポスト団塊世代	1951年	46	49	52	55	58	61	64	67	70
	1952年	45	48	51	54	57	60	63	66	69
	1953年	44	47	50	53	56	59	62	65	68
	1954年	43	46	49	52	55	58	61	64	67
	1955年	42	45	48	51	54	57	60	63	66
	1956年	41	44	47	50	53	56	59	62	65
	1957年	40	43	46	49	52	55	58	61	64
	1958年	39	42	45	48	51	54	57	60	63
	1959年	38	41	44	47	50	53	56	59	62
バブル世代	1960年	37	40	43	46	49	52	55	58	61
	1961年	36	39	42	45	48	51	54	57	60
	1962年	35	38	41	44	47	50	53	56	59
	1963年	34	37	40	43	46	49	52	55	58
	1964年	33	36	39	42	45	48	51	54	57
	1965年	32	35	38	41	44	47	50	53	56
	1966年	31	34	37	40	43	46	49	52	55
	1967年	30	33	36	39	42	45	48	51	54
	1968年	29	32	35	38	41	44	47	50	53
	1969年	28	31	34	37	40	43	46	49	52
	1970年	27	30	33	36	39	42	45	48	51
団塊ジュニア世代	1971年	26	29	32	35	38	41	44	47	50
	1972年	25	28	31	34	37	40	43	46	49
	1973年	24	27	30	33	36	39	42	45	48
	1974年	23	26	29	32	35	38	41	44	47
	1975年	22	25	28	31	34	37	40	43	46

ポスト団塊ジュニア世代	1976年	21	24	27	30	33	36	39	42	45
	1977年	20	23	26	29	32	35	38	41	44
	1978年	19	22	25	28	31	34	37	40	43
	1979年	18	21	24	27	30	33	36	39	42
	1980年	17	20	23	26	29	32	35	38	41
	1981年	16	19	22	25	28	31	34	37	40
	1982年	15	18	21	24	27	30	33	36	39
さとり世代	1983年	14	17	20	23	26	29	32	35	38
	1984年	13	16	19	22	25	28	31	34	37
	1985年	12	15	18	21	24	27	30	33	36
	1986年	11	14	17	20	23	26	29	32	35
	1987年	10	13	16	19	22	25	28	31	34
	1988年	9	12	15	18	21	24	27	30	33
	1989年	8	11	14	17	20	23	26	29	32
	1990年	7	10	13	16	19	22	25	28	31
	1991年	6	9	12	15	18	21	24	27	30
	1992年	5	8	11	14	17	20	23	26	29
	1993年	4	7	10	13	16	19	22	25	28
	1994年	3	6	9	12	15	18	21	24	27
Z世代	1995年	2	5	8	11	14	17	20	23	26
	1996年	1	4	7	10	13	16	19	22	25
	1997年	0	3	6	9	12	15	18	21	24
	1998年		2	5	8	11	14	17	20	23
	1999年		1	4	7	10	13	16	19	22
	2000年		0	3	6	9	12	15	18	21
	2001年			2	5	8	11	14	17	20
	2002年			1	4	7	10	13	16	19
	2003年			0	3	6	9	12	15	18
	2004年				2	5	8	11	14	17
	2005年				1	4	7	10	13	16
	2006年				0	3	6	9	12	15

（出所）NRI「生活者1万人アンケート調査」（1997年，2000年，2003年，2006年，2009年，2012年，2015年，2018年，2021年）

［3］ 世代別の価値観形成の時代背景

　個々人の価値観は，それぞれが育ってきた時代背景や生い立ちによって異なる。また，大きな社会変動（戦争や景気変動など），制度変化や技術革新の動向なども個人の考え方に影響を及ぼすであろう。

　ここでは人々の価値観に影響があった出来事を考慮して，戦後を下記のような時期に区分して，世代別の分析をする際の参考としている。

---

　(1)　戦後初期（1945-54年）

　(2)　経済成長期（1955-72年）

　(3)　安定成長期（1973-85年）

　(4)　バブル経済期（1986-90年）

　(5)　経済低迷期（1991-94年）

　(6)　インターネット普及期（1995-2007年）

　(7)　スマートフォン普及期（2008年以降）

　時代を区分した観点として，大きなウエイトを占めるのが経済成長や景気動向である。戦後の昭和，平成の時代を通じて，日本は戦争を経験していない平和の時代を過ごしているため，大きな社会変動といえば経済の動向となる。1956年度の経済白書に「もはや戦後ではない」と書かれているように，日本は終戦後の処理を終えて1955年以降，高度経済成長の時期を迎えた。1964年の東京オリンピック，1970年の大阪万博などを経験した日本は1973年の石油ショックを契機に安定成長期に移行する。

　その後，1985年のプラザ合意を反映した金融緩和政策により，低金利下で株式，土地に資金が集中して日本はバブル経済期を迎える。日経平均株価は1989年末に3万8,918円まで上昇するが，その後の金融引き締め策などの影響から1990年に入ると急落し，バブル経済は崩壊を迎える。

　それ以降は「失われた20年」とも呼ばれる長期の経済の低迷の時期を日本は

迎えることになるが，一方で注目されるのはICTなどの技術革新の進展である。1995年にはWindows95が発売され本格的なインターネットの普及期に入っており，また2008年は「iPhone 3G」が日本で発売されスマートフォンの導入が始まった時期であり，それらのICTを用いた機器・サービスの普及は人々の行動に大きく影響していると考えられる。

このような観点から区分された戦後の昭和，平成のそれぞれの時期を特に25歳までについていつ過ごしたかを整理したのが図表0-4である。例えば，2018年に56歳だった人は，1962年に生まれたバブル世代に属しており，5歳の時は経済成長期（1955-72年），15歳の時は安定成長期（1973-85年）で25歳の時はバブル経済期（1986-90年）を過ごしていることが分かる。

こうした時代の移り変わりは，それぞれに属する世代の価値観に大きな違いを生んできた。NRIでは世代を「団塊世代」，「ポスト団塊世代」，「バブル世代」，「団塊ジュニア世代」，「ポスト団塊ジュニア世代」，「さとり世代」および「Z世代」の7区分に分類し，調査研究を行っている。

なお最近では，米国を中心に2000年代に成人を迎えた世代を「ミレニアル世代」と呼ぶことが多い。一般的にミレニアル世代はかなり広範な年齢層を指すことになるので本書ではその呼称を採用していないが，米国の調査機関ピュー・リサーチ・センターは1981～1996年生まれをミレニアル世代と定義しており（2019年1月），それに従うとすると本書の「さとり世代」とほぼ重なっていることになる。

本書では，細かい部分では価値観や行動特性が異なるものの，大枠では似た性質を持つ世代区分を4つの章にまとめていく。また，各世代で異なる傾向はあるものの，世代間の違いを把握するため過去四半世紀における時代変化やテクノロジー動向，スマートフォン普及の影響による日本人全体の価値観・行動変化を押さえておくことは基本であり，重要である。したがって本書では第1章にて日本人全体の生活変化と価値観への影響を紹介した上で，第2章～5章にて世代ごとの特徴を紹介していく。

生まれた年	育った時代			年齢(歳, 2021年)	世代区分						
	5歳〜	15歳〜	〜25歳		団塊世代	ポスト団塊世代	バブル世代	団塊ジュニア世代	ポスト団塊ジュニア世代	さとり世代	Z世代
1939				82							
1940				81							
1941	戦後初期			80							
1942	(1945-54年)			79							
1943				78							
1944				77							
1945				76							
1946				75							
1947				74							
1948				73							
1949	経済成長期			72							
1950	(1955-72年)			71							
1951				70							
1952				69							
1953				68							
1954				67							
1955				66							
1956				65							
1957				64							
1958				63							
1959				62							
1960				61							
1961			バブル経済期	60							
1962			(1986-90年)	59							
1963				58							
1964				57							
1965				56							
1966			経済低迷期	55							
1967	安定成長期		(1991-94年)	54							
1968	(1973-85年)			53							
1969				52							
1970				51							
1971				50							
1972		バブル経済期		49							
1973		(1986-90年)		48							
1974				47							
1975				46							
1976		経済低迷期		45							
1977		(1991-94年)		44							
1978				43							
1979				42							
1980				41							
1981				40							
1982	バブル経済期			39							
1983	(1986-90年)			38							
1984				37							
1985			スマートフォン普及期	36							
1986	経済低迷期		(2008年以降)	35							
1987	(1991-94年)			34							
1988				33							
1989	インターネット普及期			32							
1990	(1995-2007年)			31							
1991				30							

(左欄：1939〜1988年 昭和、1989〜1991年 平成)

年		スマートフォン普及期 （2008年以降）		年齢						
1992				29						
1993				28						
1994				27						
1995				26						
1996				25						
1997				24						
1998				23						
1999				22						
2000				21						
2001				20						
2002				19						
2003				18						
2004				17						
2005				16						
2006				15						

注 ・世代区分は本書の定義に基づく。
　　・この図は2021年に59歳だった人は，1962年に生まれたバブル世代に属しており，
　　　5歳の時は経済成長期（1955-72年），15歳の時は安定成長期（1973-85年）で25
　　　歳の時はバブル経済期（1986-90年）を過ごしていることを示す。
（出所）NRI作成

　封建的な価値観が残りつつも，それが変容していく「団塊世代」と，さらに寛容になった「ポスト団塊世代」，右肩上がりの消費を謳歌した「バブル世代」，子ども時代はバブル期の恩恵を受けながらも就職氷河期という受難に見舞われた「団塊ジュニア世代」と，さらに自身のライフスタイルへのこだわりが強くなった「ポスト団塊ジュニア世代」，そして，他者との競争よりも協調を重視する「さとり世代」と，さらに若いときからスマートフォンを手にした「Z世代」の7つの世代について，四半世紀にわたるNRI「生活者1万人アンケート調査」結果から，それぞれの世代における価値観・消費行動の特徴をご覧いただきたい。

第 1 章

日本人全体の生活変化と
価値観への影響

本書は日本人の各世代の特徴やその変化をNRI調査データにもとづいて読み解くことを主眼に置いているが，NRI「生活者１万人アンケート調査」の調査結果が存在する1997年以降の四半世紀のデータを分析すると，時代変化やテクノロジー動向，スマートフォン普及などが世代にかかわらず日本人全体に大きな影響を与えていたことが分かっている。そこで本章では，各世代論の説明に入る前に，日本人全体の価値観変化およびその背景にある要因について簡単に紹介していく。

1-1　大きく変容する日本人の生活価値観

［１］過去20年の大きな変化は「挑戦より安定」，「自己主張より和を大切にする」および「日本を誇りに思う」

　過去20年間で日本人全体の生活価値観がどのように変化してきたのか。2000年調査時と最新調査である2021年で比較した場合に，差が大きいものについて整理したのが**図表１-１**である。グラフの見方としては，左にある項目ほど近年強まっている価値観であり，右にある項目ほど以前の方が強かった価値観になる。

　最も変化が大きく目立っている項目が「夫婦の間で秘密を持ってもかまわない（+21%）」である。また，同種の項目として「夫婦はお互いに経済的に自立した方が望ましい（+15%）」と「夫婦は自由時間の使い方に干渉すべきではない（+９%）」がある。このような夫婦の在り方として，夫婦独立の意識が大きく高まっていた。

　また，近年強まっている価値観の２番目および３番目として「親が離婚するのは親の自由である（+20%）」と「結婚しないで子どもを産んでもかまわない（+18%）」がある。逆に以前の方が強かった価値観では２番目および４番目に

「できることならば子どもを持つ方がよい（−10%）」と「できることならば結婚した方がよい（−10%）」が来ており，結婚して家族を持つことが良いとされる伝統的家族観からの脱却が目立つ。

　それ以外の特徴的な変化としては，「有名な大学や学校に通った方が，有利になる（+14%）」，「自分で事業をおこしたい（−14%）」，「より良い生活のためなら，今の生活を変える（−7%）」など，挑戦することよりも安定を望む保守志向，「まわりの人から，注目されるようなことをしたい（−9%）」，「自分の考えに基づいてものごとを判断したい（−5%）」，「気の合った仲間さえわかってくれれば良い（+6%）」など，自己主張よりも和を大切にする価値観や「日本の国や国民を誇りに思う（+14%）」など日本を誇りに思う価値観の強まりが見られた。

| 図表1-1 | 2000年から2021年にかけての生活価値観の推移 |

（抜粋項目，「そう思う」「どちらかといえばそう思う」の合計）

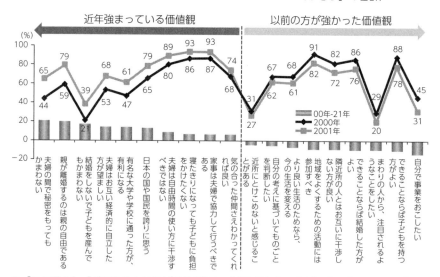

※「そう思う」，「どちらかといえばそう思う」，「どちらかといえばそうは思わない」，「そうは思わない」の4段階の選択肢の内，「そう思う」と「どちらかといえばそう思う」の合計を示している。
（出所）NRI「生活者1万人アンケート調査」（2000年，2021年）

本章第1節では，過去20年間で大きく変化した特徴的な価値観について解説する。

[2] ①挑戦より安定志向

　「自分で事業をおこしたい（−14%）」，「まわりの人から，注目されるようなことをしたい（−9%）」，「より良い生活のためなら，今の生活を変える（−7%）」および「自分の考えに基づいてものごとを判断したい（−5%）」などの起業・チャレンジ志向や自己主張に関する項目が，近年，弱まっている価値観として多く挙げられる。

　詳細な時代背景は団塊ジュニア世代・ポスト団塊ジュニア世代やさとり世代・Z世代の章にて説明するが，バブル崩壊直後の1990年代から続く「失われた30年」が大きく影響している。日本全体が成長していた時代には，人と違ったことをする，また，起業・挑戦するのは大きな成長要因・チャンスにつながることもあるが，景気の低迷が続き格差が広がる現代日本社会では，一度失敗するとなかなか這い上がれない。特に，成長期に親世代のリストラ・失職を目の当たりにしてきた若者が，攻めよりは守りの意識が強まり，学歴や資格，肩書といった自分の守りを固めることを重視するようになったことが影響している。

　こうした安定志向は就業価値観の変化にも及んでいる。団塊世代がまだ現役世代であった2000年当時と比較すると，2021年は「自分の仕事の目的は会社を発展させることである」という会社への貢献意識よりも「会社や仕事のことより，自分や家庭のことを優先したい」や「たとえ収入が少なくなっても勤務時間が短いほうがよい」とする価値観が強く，ワークライフバランスの意識が高まる傾向へと変化していった（図表1-2）。そして近年では1つの会社に縛られるのではなく，より安定と柔軟性を求めて「本業以外の仕事も持ちたい」とする副業意向も高まっている。

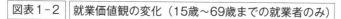

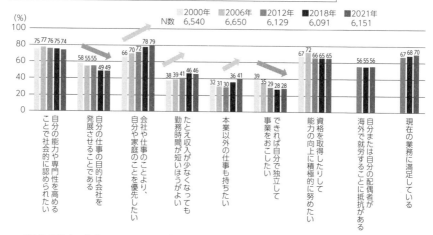

図表1-2　就業価値観の変化（15歳〜69歳までの就業者のみ）

※「そう思う」，「どちらかといえばそう思う」，「どちらかといえばそうは思わない」，「そうは思わない」の4段階の選択肢の内，「そう思う」と「どちらかといえばそう思う」の合計を示している。
（出所）NRI「生活者1万人アンケート調査」（2000年，2006年，2012年，2018年，2021年）

［3］②日本を誇りに思う

　「日本の国や国民を誇りに思う」という項目も大きく変化した価値観の1つである。図表1-3で時系列推移を見てみると，2009年から2012年にかけて高まっている。この背景には2011年3月の東日本大震災があると見ている。東日本大震災は東北地方を中心に甚大な被害をもたらした。この大災害からの復興に際し，全国各地から人々がボランティア活動のために被災地へ集まったことや，寄付活動，節電，消費による応援などの取り組みによって乗り越えてきたこと，各国から災害時の倫理的な行動に対して賞賛の声が集まったなど外部的な視点からも，日本という国や国民に対して「誇りに思う」とポジティブな感情が強まったと考えられる。

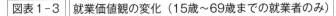

図表1-3　就業価値観の変化（15歳〜69歳までの就業者のみ）

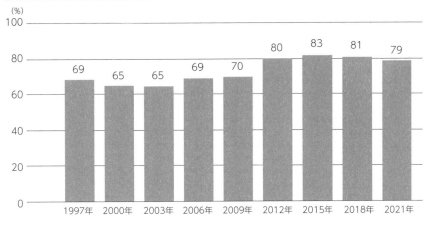

日本の国や国民を誇りに思う

※「そう思う」，「どちらかといえばそう思う」，「どちらかといえばそうは思わない」，「そうは思わない」の4段階の選択肢の内，「そう思う」と「どちらかといえばそう思う」の合計を示している。

（出所）NRI「生活者1万人アンケート調査」（1997年，2000年，2003年，2006年，2009年，2012年，2015年，2018年，2021年）

［4］③伝統的家族観からの脱却，そして夫婦独立・平等化の意識へ

「親が離婚するのは親の自由である（+20%）」，「結婚しないで子どもを産んでもかまわない（+18%）」，「できることならば子どもを持つ方がよい（−10%）」，「できることならば結婚した方がよい（−10%）」などの項目に対する回答傾向の変化はいずれも，昔の結婚して子どもを持つことが当たり前とされた価値観からの脱却を示している。そして結婚に対する価値観も変われば，夫婦のあり方についての価値観も変わる。2000年との価値観比較で目立って伸びていたのは，「夫婦の間で秘密を持ってもかまわない（+21%）」，「夫婦はお互いに経済的に自立した方が望ましい（+15%）」，「夫婦は自由時間の使い方に干渉すべきではない（+9%）」などの項目であった。これらの項目について1997年調査からの長期時系列推移を示したものが図表1-4である。

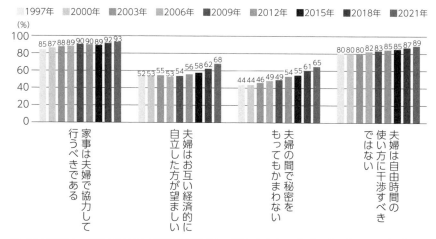

図表1-4 | 1997年から2018年にかけての夫婦の関係に関する生活価値観の推移

(抜粋項目，「そう思う」と「どちらかといえばそう思う」の合計)

■1997年 ■2000年 ■2003年 ■2006年 ■2009年 ■2012年 ■2015年 ■2018年 ■2021年

家事は夫婦で協力して行うべきである: 85 87 88 89 90 90 89 92 93

夫婦はお互い経済的に自立した方が望ましい: 52 53 55 53 54 56 58 62 68

夫婦の間で秘密をもってもかまわない: 44 44 46 49 49 54 55 61 65

夫婦は自由時間の使い方に干渉すべきではない: 80 80 80 82 83 85 85 87 89

※ 「そう思う」，「どちらかといえばそう思う」，「どちらかといえばそうは思わない」，「そうは思わない」の4段階の選択肢の内，「そう思う」と「どちらかといえばそう思う」の合計を示している。

(出所) NRI「生活者1万人アンケート調査」(1997年，2000年，2003年，2006年，2009年，2012年，2015年，2018年，2021年)

　「家事は夫婦で協力」，「夫婦はお互い経済的に自立」など，独立・平等化する夫婦の意識は，1997年調査より徐々に高まっている傾向がはっきりと見られており，特にその傾向は2015年以降の直近6年間で著しい。この背景には世代間の意識の違いが反映されている。詳細は第2章以降で紹介するが，従来型の価値観が強く残っていた団塊世代がシニアになり，価値観自体が変容していることに加え，新しい価値観を持つさとり世代やZ世代が調査対象者として含まれるようになってきたことから，現役世代の多くが徐々にではあるが，夫婦が独立・平等化する意識へと変わっていったという傾向として現れたのである。

　さらには，2015年以降の夫婦の独立・平等化意識の加速には，背景としてスマートフォン保有率が中高年層を中心に伸びたことにより，インターネットアクティビティの個人化が大きく進んだことも要因として挙げられる。

スマートフォン保有率については後述するが，2018年調査以降で中高年層での保有率が大きく伸びていた。家族1人ひとりに1台ずつのスマートフォンという状況となり，それに伴って趣味・余暇活動として「パソコン」をあげる人の割合は減少していた。一方で「テレビ，パソコン，携帯等ゲーム」や「ビデオ，DVD鑑賞」などは直近にかけて大きく増加しており，デジタルコンテンツ自体への興味は伸びている。このことは，従来であれば例えば世帯に1台しかなく家族で共有されていたパソコンからインターネットにアクセスしていたという使い方から，今では1人1台のスマートフォン端末からインターネットにアクセスし，それぞれのアクティビティを楽しむようになったことを表している。インターネットは，もはや自室にこもってパソコンで使うものではなく，リビングや寝室，外出先，通勤・通学などいつでもどこでも，スマートフォンから気軽に楽しむものになっていった。それにより，生活の場は共有していても，それぞれが自分の趣味やコミュニティを楽しむようになったことが生活価値観にも影響を及ぼしたのである。

　「夫婦の間で秘密を持ってもかまわない」と聞くと，仰々しく感じられるかもしれないが，何もそこまで重大な秘密ばかりではない。「夫に内緒の買い物がある」など，ちょっと高い趣味のものを自分のこづかいで買ったり，自分だけの自由な休日を楽しんだりといった，ささやかで愛嬌のある「秘密」が，消費者インタビューや定量調査においても自由回答欄で語られていた。インターネットで購入した商品の届け先を職場にしている人や，中には私書箱を借りているという人もおり，余暇時間の過ごし方や個人の楽しみのための消費は，家族であっても個々人のプライバシーとして共有しなくてもよいという考え方が強まってきた。

1-2 | スマートフォン普及により大きく変わった日本人のデジタル生活

［1］急速に上昇するスマートフォン保有率

　日本人の価値観および行動に大きな影響を与えたのがスマートフォンの普及とスマートフォン利用によるインターネット利用時間の増加，そしてインターネット利用用途が多岐にわたって増えたことにある。

　まず，スマートフォン保有率の変化について見てみたい。スマートフォン保有率は15歳〜79歳までの調査対象者全体で見ると2012年時点で23％であったものが2021年では84％まで増加している。年代ごとの保有率拡大状況を示したものが図表1-5となる。2012年当時，男女とも20代のみ，ガラケー，フィーチャーフォンと呼ばれる従来型の携帯電話よりスマートフォンのほうが高い保有率であったが，2015年調査時では若年層中心にスマートフォン保有率が大きく伸び，2018年調査時では中高年層中心に大きく伸びた。そして2021年では，10代〜40代まではスマートフォン保有率は頭打ちとなっているが，特に60代以上のシニアにて保有が大きく伸びている。今や男女とも70代でも半数以上がスマートフォンを保有する時代となったのである。

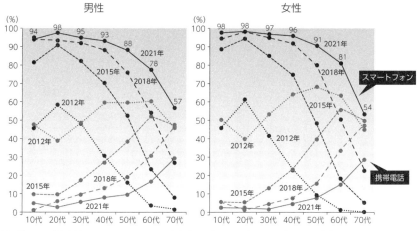

図表1-5 男女・年代別情報端末の利用状況（自分で自由に使えるもの，複数回答）

（出所）NRI「生活者1万人アンケート調査」（2012年，2015年，2018年，2021年）

［2］中高年層においてもインターネット利用時間は大きく伸びる

　実際，平日のインターネット利用時間（仕事での利用を除く）は，この3年間で119分から162分へと大きく増加し，一方でテレビの視聴時間は若年層を中心に減少，全体では145分から133分へ減少する結果となった（図表1-6）。インターネット利用時間とテレビ視聴時間の変化については，世代ごとで傾向が異なるため，詳細は世代ごとの章にて紹介する。

　なお，コロナ禍になり，在宅時間が長くなったので，テレビ視聴時間が伸びることが期待される声もあった。実際に，NRIが2020年に実施した「新型コロナウイルス感染拡大による影響調査」（インターネット調査）では確かに初回の緊急事態宣言が実施された直後の2020年5月調査では，コロナ禍直前の2020年1月調査よりも若年層や中年層においてもテレビの視聴時間が伸びる結果が観測された。しかし，テレビ視聴が伸びたのは一時的であり，その後は元の水準に戻ったのち減少傾向に入ったことから，コロナ禍が長引いてもテレビ視聴時間が伸びることはなさそうである。

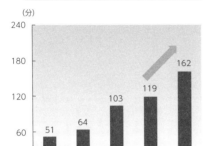

１日あたりの「インターネット利用時間（仕事での利用を除く）」（平日）の推移

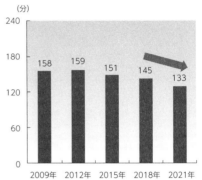

１日あたりの「テレビを見ている時間」（平日）の推移

※無回答者を除外して集計している
（出所）NRI「生活者１万人アンケート調査」（2009年，2012年，2015年，2018年，2021年）

[3] スマートフォンによるアクティビティが当たり前

　スマートフォンで楽しむアクティビティの幅も増え，それぞれのアクティビティでの利用割合も大きく伸びている。端末自体の個人保有率の伸びは，2012年から2015年にかけての方が大きかったが，スマートフォンを用いてのアクティビティの拡がりや深化については，むしろ2015年以降の方が大きい。図表1-7は「パソコン，タブレット端末」と「スマートフォン」の端末別にそれぞれのアクティビティにおける利用割合を2015年調査時以降で時系列比較したものであるが，「パソコン，タブレット端末」での各アクティビティにおける利用割合は変化なしか，むしろ下がっているのに対して，「スマートフォン」による利用割合は，ほぼすべての項目で大きく上昇している。

　特に注目したいのは，「インターネットショッピング（ネットスーパー以外）」，「商品の評価サイトの閲覧」，および「銀行口座の残高照会・ネットバンキング」などのいわゆる消費・バンキングなどの金銭のやり取りに関連する項目が大きく伸びている点である。これらの項目は，2015年時点では，「パソコン，

タブレット端末」と同程度かそれを下回っており，「お金に関することはやはりスマートフォンではまだ不安」との消費者意識がうかがえていたが，2018年以降はその不安が払拭されて，何でもスマートフォンで実施してしまう消費者が増えたことがうかがえる。2015年時点から，動画の視聴やソーシャルゲーム，SNSでのコミュニケーションについては「スマートフォン」が「パソコン，タブレット端末」を上回っているなど，スマートフォンは恰好の時間つぶし・コミュニケーションツールであることは間違いないが，2018年以降はそれに加えて消費のためのツールとしてもスマートフォンが優先的に選ばれるようになり，2021年でもその伸長傾向は変わらない。

図表1-7 インターネットの利用状況（利用端末別，複数回答）

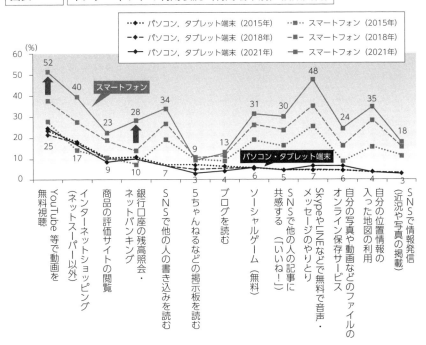

（出所）NRI「生活者1万人アンケート調査」（2015年，2018年，2021年）

［4］数年分のデジタル化がこの2か月で進んだ

　直近3年間のインターネット利用拡大はコロナ禍がきっかけであったことを改めて示しておきたい。インターネット調査にはなるが，NRIでは定期的に消費者調査を実施しており，コロナ禍前後の短期的な消費者の動向変化を確認することが可能である。図表1-8はインターネットの利用用途についての回答結果を示したものである。2019年の12月や2020年1月のコロナ禍前と比較し，特に2020年5月において「銀行口座の残高照会・ネットバンキング」，「インターネットショッピング」，「YouTubeやニコニコ動画等で動画を無料視聴」など多くの分野で利用者比率が高まっていることが分かるであろう。

　図表1-8の中で，特に着目すべき項目は「映画やテレビ番組などを有料動画配信サービスで視聴」する項目である。Amazon Prime Video（アマゾンプライムビデオ）やNetflix（ネットフリックス）などの映画やテレビ番組の有

| 図表1-8 | コロナ禍前後におけるインターネットの利用状況（複数回答） |

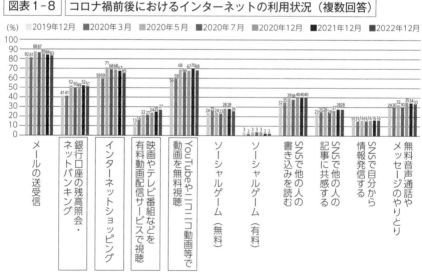

（出所）NRI「生活者年末ネット」（2019年12月，2020年12月，2020年12月，2021年12月），NRI「日常生活に関する調査」（2020年1月），NRI「新型コロナウイルス感染拡大による影響調査」（2020年3月，2020年5月，2020年7月）

料動画配信サービスは以前から存在していたが，日本においてはたとえ便利で，ベネフィットがあっても"有料"での入会への抵抗感は強く，長年サービスは浸透していなかった。NRIの調査では，日本における有料動画配信サービスの利用者比率は2017年12月の11％から，コロナ禍直前の2020年1月における14％と，2年間で3％しか増えていなかったのだが，2020年3月から5月の2か月間，初回の緊急事態宣言が発令されたタイミングでは利用率は16％から22％へと6％増えており，過去2年間の2倍にあたる利用増がこの2か月間で実現されたことになる（図表1-9）。

　そして，図表1-9を見ても明らかであるが，一度利用が浸透すると，有料サービスであっても退会があまり起こらず，利用し続けることも分かるであろう。機器を揃えたりアカウントを開設したりと「導入」の垣根を乗り越え，一度サービスを利用することによって，その利便性やベネフィットに気付き，定着する。生活全体としてオンライン化が進んだことにより，消費者はもはやコロナ禍以前の状態に戻ることは難しく，コロナ禍をきっかけとした不可逆的な変化が進んだのである。それはコロナ禍において2022年12月にかけて22％から

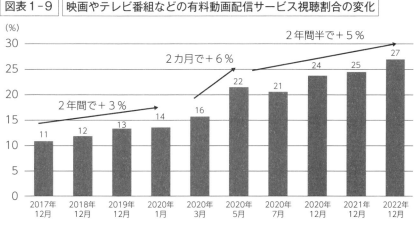

図表1-9　映画やテレビ番組などの有料動画配信サービス視聴割合の変化

（出所）NRI「生活者年末ネット調査」（2017年12月，2018年12月，2019年12月，2020年12月）
　　　　NRI「日常生活に関する調査」（2020年1月）
　　　　NRI「新型コロナウイルス感染拡大による影響調査」（2020年3月，2020年5月，2020年7月）

27%へと５％増えていることからも明らかである。生活のオンライン化が定着したことにより，コロナが完全収束した場合でも，買い物行動や旅行がコロナ禍以前のように完全に戻ることは期待できないであろう。

デジタル化により変容する日本人の消費・情報収集行動

［1］「おうち」化，オンライン化が進む余暇活動

　コロナ禍を経た消費者の行動として，最も大きく変化したことの１つは余暇の過ごし方である。ここでは過去20年間の余暇の過ごし方の長期的な変化と，コロナ禍による影響について考察したい。

　図表１-10は余暇活動の時系列変化を示したものである。長期的に見て，「パソコン」，「ビデオ，DVD鑑賞」，「テレビ，パソコン，携帯等のゲーム」などのデジタルレジャーは，1997年の調査開始時から大きく伸びている。しかし，「パソコン」は2009年をピークに下降に転じており，スマートフォンの普及によりインターネットやデジタルレジャーは「パソコン」にしっかり向き合って利用するものではなくなり，スマートフォンで手軽に楽しむものへと変わっていった。また，2012年以降で一時期飽和傾向を見せていた「ビデオ，DVD鑑賞」や「テレビ，パソコン，携帯等のゲーム」は，2015年から2018年にかけ，再び急伸を見せている。この背景には，動画配信サービスや動画共有サービスの普及やアプリ型ゲームの増加により，スマートフォンでこれらのデジタルレジャーがよく楽しまれるようになったことがあるだろう。コロナ禍以前の2018年まででも，デジタルレジャーは大きく伸長していたが，2021年においてもさらに大きく伸長している。

　コロナ禍以前の長期トレンド変化として着目していたのは街レジャーの伸長である。2012年から2015年にかけて伸びており，2018年ではさらに大きく伸長した。この背景にもスマートフォンの浸透があった。スマートフォンがあるおかげで，とりあえず街に出てから面白いスポットやおいしい飲食店を探す，合流できそうな仲間を探す，待ち合わせまでの時間をつぶす，ひとりで行動していても誰かとつながりながら楽しむ，などの行動がより容易に行えるように

なったのである。ただし，コロナ禍の2021年においては，街レジャーは大きく減少する形となった。消費者自身が外出自粛を行っていたこともあるが，店側も自治体からの要請を受け，営業時間や利用者数を制限するなどの対応を行ったことが影響しており，デジタルレジャーの伸長とは明暗を分ける結果となった。

　また旅行系レジャーでは，コロナ禍以前では国内旅行の伸びが著しかった。健康や食べ物などに不安が出てくるシニア層のみならず，若者でも国内旅行志向が強まっていることが，消費者インタビュー等から示唆されていた。若者では，ガイドブックなどの一般的に得られる情報ではなく，SNSで実際にその地を旅した人の体験を読み，飲食店や料理の画像を見，地元の人からお勧めを聞いて，その時その場所ならではのディープな経験をし，それを共有するという楽しみ方が支持されていた。しかし，コロナ禍の2021年においては，海外旅行のみならず，国内旅行についても余暇活動としては大きく減少してしまっている。

　一方，余暇活動において伸びてきているのが「アウトドア・キャンプ」である。新型コロナの感染拡大防止のため，3密を避けながら自然を満喫できるアウトドア熱が高まっているのだが，コロナ禍以前からも「ソロキャン」などがキーワードになるくらい注目されていたアクティビティであったことから，今後も一定程度定着していくことが期待される。

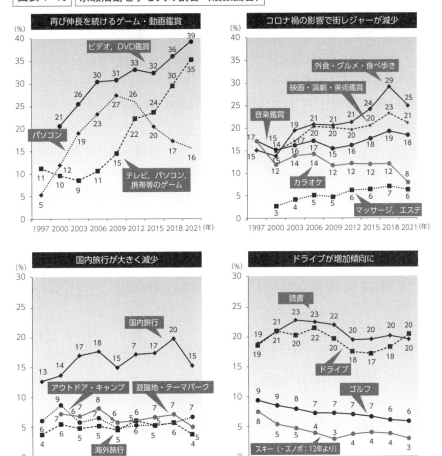

（出所）NRI「生活者1万人アンケート調査」（1997年，2000年，2003年，2006年，2009年，2012年，2015年，2018年，2021年）

[2] インターネットショッピングは中高年層で加速

　図表1-11は年代別のインターネットショッピング利用割合（1年以内）の2000年調査からの8回分の推移と，2009年調査以降の利用者当たりの年間平均

利用回数の推移を示したものである。まず，年間利用割合は概ねすべての年代で調査を重ねるごとに伸びており，きれいな虹型のグラフとなっている。15〜69歳の平均利用率は2000年調査時の5％から2021年調査時には68％にまで高まっている。年代ごとの特徴としては，2018年までインターネットショッピングはどの年代においても利用割合は大きく伸びてきた。しかし2021年では10代20代の若年層は頭打ちとなっており，中高年層中心にインターネットショッピングの利用が大きく浸透した。

　さらに，利用者当たりの年間平均利用回数は，2009年調査時の11.0回から2018年調査時には22.1回へと，2倍にまで増加している。2018年から2021年の直近3年間での伸びは鈍化しているように見えるが，年代ごとに分解すると10代・20代の若年層では利用頻度は伸びておらず，30代から50代までの中高年層では利用頻度が増加した形となっている。60代以上のシニアについては微増であったため，この3年間でインターネットショッピング利用が大きく伸びたのは，利用割合・利用頻度ともに30代から50代までの中高年層ということになる。

図表1-11　インターネットショッピング利用の変化

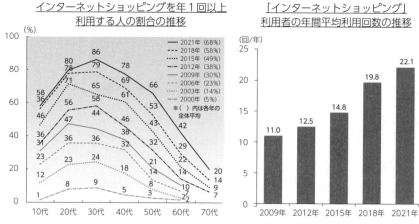

（出所）NRI「生活者1万人アンケート調査」（2000年，2003年，2006年，2009年，2012年，2015年，2018年，2021年）

［3］ 日常品購入チャネルは外出自粛で頻度減

　インターネットショッピングの利用増加とは反対に，コロナ禍においてリアル店舗の利用は多くのチャネルで減少に転じた。図表1-12は日常的に利用する購入チャネルの月当たりの利用回数を示したものである。コンビニエンスストア（セブン-イレブン，ローソン，ファミリーマートなど早朝から夜遅くまで営業している店）が2021年では大きく減少したことが目立つだろう。

　コンビニエンスストアは，2018年までは利用頻度を大きく伸ばしていた。2018年まで順調に伸ばしてきた背景には，コンビニエンスストアの出店拡大と品揃えの変化，そして世帯の小規模化がある。たとえばセブン-イレブンは2015年6月に青森県，2019年7月に沖縄県に出店し，全都道府県への出店を成し遂げた。都道府県の拡大だけでなく，店舗数自体も大きく増加し，商圏内の出店密度は増加している。品揃えについては世帯構成（単身世帯やシニア世帯の増加など）や消費者のライフスタイルに合わせて柔軟な対応が行われ，生鮮食品や少量パッケージの取扱いなど，多様な商品展開が行われた。その結果，地方エリアでは，ちょっと遠くのスーパーで安くまとめ買いするよりも，近くのコンビニエンスストアで少量・高頻度で日常品を購入する方が，文字どおり"便利"になったのである。そのような背景から利用頻度は伸び，2018年調査では初めてコンビニエンスストアが食品スーパー（主に食料品・日用品を販売しているスーパーマーケット）を上回ったのである。

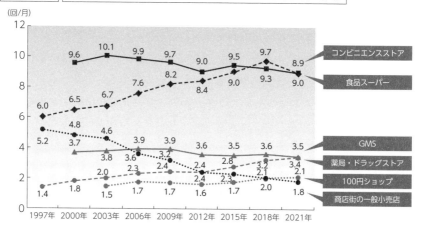

図表1-12　日常的に利用する購入チャネル別の平均利用頻度の推移

（回/月）

- コンビニエンスストア
- 食品スーパー
- GMS
- 薬局・ドラッグストア
- 100円ショップ
- 商店街の一般小売店

※・各チャネルの利用頻度の回答結果を加重平均して算出した値である
　・GMSとは「衣料品・家電等も販売している総合的なスーパーマーケット」である
　・食品スーパー，GMSは2000年より，100円ショップは2003年より聴取
（出所）NRI「生活者1万人アンケート調査」（1997年，2000年，2003年，2006年，2009年，2012年，2015年，2018年，2021年）

　しかし，そのような状況もコロナ禍で一変した。食品スーパーでも利用頻度減少は見られたが，コンビニエンスストアの利用頻度減少の方が大きく，僅差ではあるが再び食品スーパーの利用頻度を下回る結果となった。その背景には，外出自粛，テレワークの浸透などにより，主に昼間のオフィス街人口が減ったことがある。コンビニエンスストアは都会ほど高密度で出店しており，ビジネスマン利用が多かったため，コロナ禍による生活スタイルの変化から受けるダメージが大きかったのである。

　図表1-12に戻ると，食品スーパーでも利用頻度が減少しているが，こちらは事情が異なる。小売チェーンのPOSデータを分析すると，コロナ禍以前と比較して確かに来店客数は減少しているのだが，1回当たりの客単価は増加しており，小売チェーンの売上自体はさほど減少はしていない。消費者の買い物トレンドとして，不要不急の外出を自粛する意識によりまとめ買い傾向が高まったことが背景にある。来店頻度が下がるということは，さまざまな店の使い分

けが減ることを意味する。コロナ禍以前はチラシなどを見て，お肉はこちらの店で買って，野菜はあちらの店で買って…というシーンも多くあったが，こうしたバーゲンハンティングは以前よりも少なくなっていることが想定される。

［4］エンタメ領域との融合チャネルも自粛の影響を大きく受ける

　コロナ禍によるライフスタイル変化により日常的に利用するリアルチャネルは大きな影響を受けたが，買回り品（耐久消費財や趣味品など）購入チャネルにおいてもやはり大きな影響を受け，すべてのチャネルが2021年調査では利用割合（1年間での利用経験率）が減少している（図表1-13）。

　2018年までは特に「総合SC，モール」（正式項目名：衣料品店，飲食店，映画館などからなる総合的なショッピングセンター，ショッピングモール）は大きく伸びていた。さらに，大きく減少を続けていた「百貨店・デパート」も

図表1-13	買回り品購入チャネルを利用している割合の推移（1年間での利用経験率）

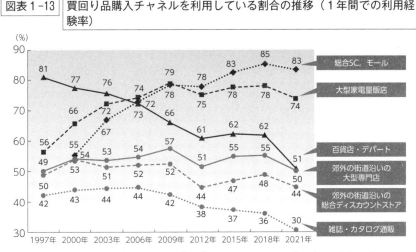

※・総合SC，モールとは「総合ショッピングセンター，ショッピングモール」である
　・総合SC，モールは2000年より聴取
（出所）NRI「生活者1万人アンケート調査」(1997年，2000年，2003年，2006年，2009年，2012年，2015年，2018年，2021年)

2012年に下げ止まりが見られるが，これらの傾向については，余暇の過ごし方として2018年まで大きく伸びていた「街レジャー」の影響が見て取れる。消費者側では「とりあえず街に出て何か楽しんでみよう」という余暇の過ごし方が増加していること，また，その体験志向に対してリアル店舗側でも「体験・エンターテインメント性」を楽しんでもらえるよう店舗やサービスを改善していることにより，これらのリアル店舗には人が集まってくるようになっていたのである。

　コロナ禍の2021年では外出を自粛する傾向があったことから，こうしたエンタメ×ショッピングの融合領域は全体的に利用が減ってしまったのは避けられないことであるが，体験志向自体は消費者トレンドの潮流として変わってはいないため，今後は回復していくものと想定される。

［5］情報収集チャネルで「リアル」のプレゼンスは低下

　日常利用チャネルや買回り品購入チャネル自体の利用が減少しているが，買い物における情報収集においてもリアルチャネルへの依存度は大きく低下している。

　商品やサービスを購入する際に参考とする情報源は，全体傾向で見るとデジタル系のメディアに大きく寄ってきており（図表1-14），特に2012年から段階的に大きな拡大を見せているのが，「ネット上の売れ筋情報」と「評価サイトやブログ」である。また，このようなインターネット上の情報をどのように取得しているかについて，例えば評価サイトを用いて情報収集を行う人の割合を情報端末別に見ると，「パソコン・タブレット」が2012年の13％から2021年には9％に減少しているのに対し，「スマートフォン」は4％から23％へと大きく増加している。

　一方で，新聞，雑誌などのマス媒体の広告やその記事そのものに対する情報参照率はそれぞれ2012年から2021年にかけて継続して低下している。「テレビのコマーシャル」や「折り込みちらし」は2015年から2018年にかけて微増とな

り，減少傾向に歯止めがかかっていたのだが，2021年では再び減少傾向になっている。また「店舗の陳列商品・表示情報」については水準が高いものの，減少傾向が見られる結果となった。インターネットでの情報収集が伸びる中でも，「対面」「リアル」でしか得られない情報があるとして，高い参照度合いを維持したり減少が下げ止まっていたものが，コロナ禍でのリアルショッピングの自粛により減少してしまったということになる。

| 図表1-14 | 商品・サービスを購入する際の情報源の推移 |

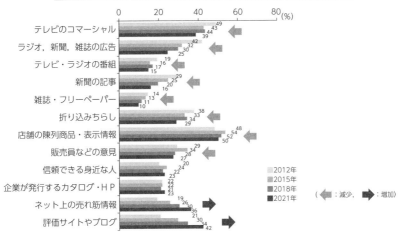

商品やサービスを購入する際に利用する情報源の推移（複数回答）

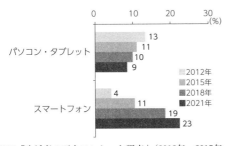

評価サイトを用いて情報収集を行う人の割合の推移（利用機器別，複数回答）

（出所）NRI「生活者1万人アンケート調査」（2012年，2015年，2018年，2021年）

［1］コロナ禍でも上昇する日本人の生活満足度

　コロナ禍において，今後も新たなパンデミックが生じる可能性や家族の健康への不安感が高まり，それによってコロナ禍以前のような生活が送れない状況であるが，実は生活満足度は低下しておらず，むしろ増加している。現在の生活にどの程度満足しているかを問うこの項目は，2012年以降一貫して上昇を続けてきており，コロナ禍を経験した2021年にはさらに上昇している（図表1-15）。

図表1-15	生活満足度の推移

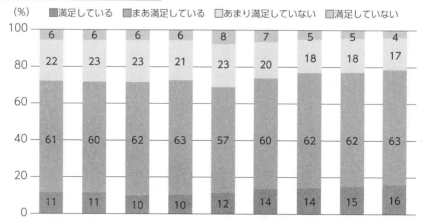

（出所）NRI「生活者1万人アンケート調査」(1997年, 2000年, 2003年, 2006年, 2009年, 2012年, 2015年, 2018年, 2021年)

生活満足度が2009年調査時に減少したのはリーマンショックが影響している
と見られるが，増加に転じた2012年調査は2011年3月11日に発生した東日本大
震災の翌年である。東日本大震災やその後も各地で続く災害などを目の当たり
にし，平穏な日常生活を送ることの有難さを再認識したことが意識的な生活満
足度の向上のきっかけではないかと考えている。また，2012年以降では雇用状
況の好転や景気の回復を実感した人が増えている点も生活満足度向上の背景に
あると考えられる。

　しかし，2021年調査はコロナ禍の行動制限された中であった。感染などを意
識せず他者とのコミュニケーションや外出を楽しむといったコロナ禍以前では
当たり前だったことが難しくなっているのに，生活満足度は下がっておらず，
むしろ調査開始以降最高値を記録している。その理由はどこにあるのか。要因
の１つとして，日本人の消費価値観の変化から見ていきたい。

［２］NRIが提唱する４つの消費スタイル

　NRIでは，生活者１万人アンケート調査の消費意識に関する項目への回答傾
向から日本人の消費傾向を２軸で分け，４つの消費スタイルで定義・分類し，
その構成割合の時系列傾向を追っている（図表１-16）。２軸とは，縦軸は，
価格が高くてもよいのか，あるいは安さを重視するのかといった，価格感度の
高低を示し，また横軸は，商品・サービス選択時に自分のお気に入りにこだわ
るかどうかの強弱を示している。

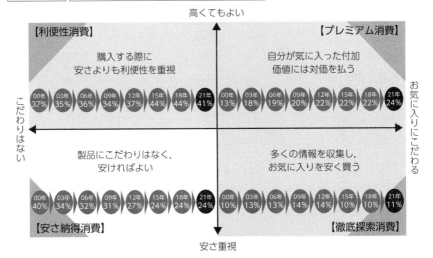

図表1-16　4つの消費スタイルの構成割合の推移

高くてもよい

【利便性消費】

購入する際に
安さよりも利便性を重視

| 00年 37% | 03年 35% | 06年 36% | 09年 34% | 12年 37% | 15年 44% | 18年 44% | 21年 41% |

こだわりはない

製品にこだわりはなく，
安ければよい

| 00年 40% | 03年 34% | 06年 32% | 09年 31% | 12年 27% | 15年 24% | 18年 24% | 21年 24% |

【安さ納得消費】

【プレミアム消費】

自分が気に入った付加
価値には対価を払う

| 00年 13% | 03年 18% | 06年 19% | 09年 20% | 12年 22% | 15年 22% | 18年 22% | 21年 24% |

お気に入りにこだわる

多くの情報を収集し，
お気に入りを安く買う

| 00年 10% | 03年 13% | 06年 13% | 09年 14% | 12年 14% | 15年 10% | 18年 10% | 21年 11% |

【徹底探索消費】

安さ重視

（出所）NRI「生活者1万人アンケート調査」（1997年，2000年，2003年，2006年，2009年，2012年，2015年，2018年，2021年）

　縦軸である価格感度の高低は経済的余裕に依存し，こだわりの強弱は商品・サービスの選択のために費やすことのできる時間・スキル・エネルギーの多寡に依存する。つまり，右上の【プレミアム消費】スタイルには，金銭的にも余裕があり，自分の消費に費やす時間・スキル・エネルギーが豊富な「リッチシングル」や「子なしパワーカップル」といったセグメントが多く含まれる。左上の【利便性消費】には，お金に余裕はあるが，時間や情報リテラシー・エネルギーが不足している「リッチシニア」や「共働き子育て世帯」といったセグメントが含まれる。また，左下のとにかく安ければよいとする【安さ納得消費】は，経済的に余裕がなく情報リテラシーの低い「低情報リテラシー（高齢）中低所得層」の構成比が高い。右下の情報を集めることで安くこだわりを叶えたい【徹底探索消費】は，経済的に余裕がないが情報リテラシーと時間は豊富な「高情報リテラシー（若年）中低所得層」の構成比が高い。

［3］コロナ禍以前の長期トレンドでは【利便性消費】が大勢を占めていった

　前項にて４つの消費スタイルに含まれるセグメント特性を簡単に説明したが，ここで時系列に沿って改めて４つの消費スタイルの特徴を紹介する。

　2000年調査では左下にある【安さ納得消費】が40％と大勢を占めていた。当時はマクドナルドのハンバーガーが平日65円や59円の時代であり，学生が何十個と購入する姿も見られた。あらゆるものが安く，デフレが喜ばれていた時代であった。しかし，徐々に安ければよいという価値観は減少していき，2012年まで伸びていたのは高くても自分のこだわるものにお金を掛けたいとする【プレミアム消費】と，多くの情報を収集し最もお得なところからお気に入りを安く買う【徹底探索消費】であった。安いだけでは飽き足らなくなった消費者は，積極的に情報収集しながら自分のこだわりに対して納得のいく「お気に入り」を見つける傾向が強まっていた。

　その後，2012年から2015年にかけて＋６％と大きく伸びたのは【利便性消費】であった。利便性消費とは，価格を気にせず，お気に入りにもこだわらず，ラクにものを買いたいとするスタイルのことを指す。この背景にはスマートフォンの普及による情報疲労（情報が多すぎて選べない）と雇用環境の好転による共働き世帯の拡大があると見られる。共働き世帯が増加し，世帯収入が上がると，よりこれまで以上にお金を掛ける志向が高まると思われるのだが，実際は夫婦共働きにより，さらに小さな子どもがいる世帯では子育てとも重なって日常は非常に忙しく，お金があったとしても使う暇がない状況になっている。こうしたことから，ラクにものを買いたい気持ちだけでなく，家事を省力化できるような商品・サービスに対するニーズも高まったのが，この利便性消費スタイルに該当する人の傾向であった。また，多少時間に余裕があったとしても，スマートフォンを手にしたことにより，お金をほとんどかけずに時間をつぶせるようになり，その結果消費に向けるエネルギーや時間が減少してしまったこともプレミアム消費ではなく，利便性消費スタイルが増加した要因であると考

えられる。

［４］コロナ禍で増えたのは【プレミアム消費】，こだわる余裕が生活満足度を高めた

　しかし，コロナ禍を経た2021年ではこの長期トレンドの傾向にやや変化が起きている。忙しい日常でも充実した日々を送りたいニーズがある中で，緊急事態宣言発令による急な外出自粛やテレワークが導入されたことにより余剰時間が増えた。自宅で過ごす時間が増えたことで，自宅で過ごす時間を充実させるために料理に凝る，ガーデニングを楽しんでみる，DIY/日曜大工に挑戦してみるなど，こだわりを持ち創意工夫する動きも見られた。マスク生活を強いられたが，マスクカバーをおしゃれに手作りしてみるなど，コロナ禍以前なら行われなかったであろうことにも時間を掛けることができたのである。

　そのため，高くてもよいので手間と時間のかからないものを買うといった，利便性消費が減り，時間に余裕ができたことで気に入ったものにはお金を払うプレミアム消費が増えていったことにつながっている。コロナ禍のため，さまざまな娯楽施設が閉鎖されたり，イベントの取り止めが相次ぎ，確かに外で楽しむことは失われてしまっていた。しかし，使える時間が増えたことで，その時間で楽しみを見出し，こだわり志向が高まったことで，外に出なくても充実した（そして余裕の持てる）日々を送れたことが，コロナ禍においても生活満足度が下がらずにいた要因の１つであると考えられる。

　改めて第１章を振り返ると，日本人の生活価値観や行動は時代の要請とともに大きく変化してきたことが分かるだろう。この変化は世代ごとにも特徴が異なってくる。特にスマートフォンが普及し，さまざまなデジタルサービスをどのように利用するか（そもそも利用できるか）によって，さらに世代間の違いが広がってくる。第２章以降は，世代ごとに生きた時代背景からその特徴を紹介するとともに，各世代に対してインターネットおよびスマートフォン普及が

どのような影響を及ぼしたかを解説し，それぞれの世代へ企業がアプローチするヒントについても論じていきたい。

第2章

伝統的な価値観が変容する
団塊世代・ポスト団塊世代

2-1 団塊世代・ポスト団塊世代の特徴

［1］厳しい競争環境の中で生きた団塊世代

団塊世代は日本において，第一次ベビーブームが起きた時期に生まれた世代を指す。厚生労働省の示す定義では，第二次世界大戦直後の1947年～1949年の3年間に生まれた人を指すが，本書ではその前後1年を加え1946年～1950年生まれを団塊世代として定義している。また，その次に続くポスト団塊世代は，バブル世代（1960年～1970年生まれ）が誕生するまでの1951年～1959年生まれとしている。

団塊世代は文字どおり，日本の人口ピラミッドの中でも大きな塊となっており，5年間（1946年～1950年）という短い間に生まれた人たちであるが，2020年の国勢調査時点において901万人存在する（図表2-1）。

その突出した人口のため，子ども時代から学校のクラス数は多く，また1クラスの人数も60人前後いたという。現在の日本の小学校における1学級当たりの児童数が，文部科学省が毎年実施している学校基本調査の結果において1学級当たり収容人員別学級数率の人数区分の中央値を用いて平均人数を算出すると22.7人（2022年度調査）であることから，団塊世代はその倍以上の人数の子どもたちが教室内でひしめき合っていたことがうかがえる。そのような時代背景から，団塊世代は受験・就職・出世において常に激しい競争環境に置かれていた。

一方で団塊世代は戦後，従来の家制度の意識が薄れる中で，核家族化が進み，見合い結婚と恋愛結婚が逆転した世代であるともいわれている（国立社会保障・人口問題研究所「第12回出生動向基本調査夫婦調査の結果概要」）。ただし「男は仕事，女は家庭」といった性別役割分業の傾向も強く，団塊世代の女性は20代半ばまでに結婚して専業主婦として家庭に入り，20代のうちに子供を2

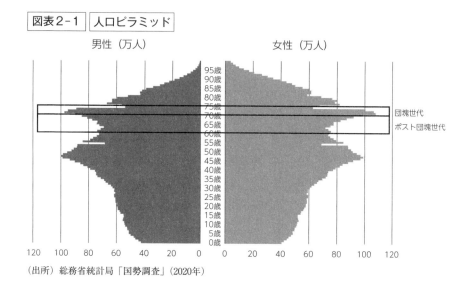

図表2-1 人口ピラミッド

男性（万人）　　　　　　　　　　女性（万人）

95歳
90歳
85歳
80歳
75歳
70歳
65歳
60歳
55歳
50歳
45歳
40歳
35歳
30歳
25歳
20歳
15歳
10歳
5歳
0歳

120 100 80 60 40 20 0　0 20 40 60 80 100 120

団塊世代

ポスト団塊世代

（出所）総務省統計局「国勢調査」（2020年）

人産むというライフステージを辿った人が多いなど，家族については伝統的な
価値観が強かった世代であるといわれる。

　そんな団塊世代も2021年調査時点では71歳〜75歳であり，またそれに続くポ
スト団塊世代も62歳〜70歳とシニア層の年代となっているが，20年前の調査
データが残るNRI「生活者1万人アンケート調査」の結果から，この20年間の
価値観変化・行動変化を見ていきたい。

［2］伝統的な価値観が強い団塊世代は夫婦歩み寄りへ

　価値観は加齢により変化していくことを踏まえ，団塊世代・ポスト団塊世代
の価値観の特徴を，同年齢時期のバブル世代の価値観との比較で見ていきたい。
NRI「生活者1万人アンケート調査」の調査年ベースでは，団塊世代は1997年
調査時点で47歳〜51歳の中年期前半に該当し，これに近い年齢としてポスト団
塊世代は2006年調査（47歳〜55歳），バブル世代は2018年調査（48歳〜58歳）
が該当する。団塊世代・ポスト団塊世代・バブル世代の同年代比較として1997

年調査・2006年調査・2018年調査の３地点で比較する。

　男性側の就業意識として「自分の仕事の目的は会社を発展させることである」という意識は厳しい競争環境に置かれていた団塊世代が最も高く，一方「会社や仕事より，自分や家庭のことを優先したい」意識は低い結果となっている（図表２−２）。

　こうした男性側の就業意識は夫婦間の価値観にも影響する。「家事は夫婦で協力して行うべきである」を支持する割合は団塊世代で最も低く，また「夫婦は自由時間の使い方に干渉すべきでない」という考えも団塊世代では低くなっており，「男は仕事，女は家庭」「妻は夫に従うもの」という意識が依然として強かった世代であることが分かる。

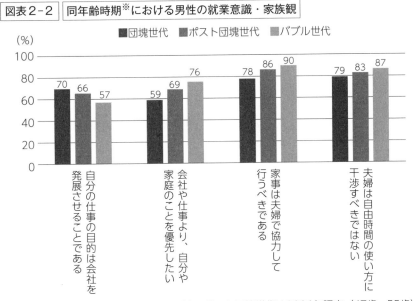

図表２−２　同年齢時期※における男性の就業意識・家族観

※団塊世代は1997年調査（47歳〜51歳），ポスト団塊世代は2006年調査（47歳〜55歳），バブル世代は2018年調査（48歳〜58歳）のデータをそれぞれ使用
（出所）NRI「生活者１万人アンケート調査」（1997年，2006年，2018年）

しかし，そのような伝統的価値観が強い団塊世代も，この20年間で価値観が変化している。社会人現役時代は「男は仕事，女は家庭」や「妻は夫に従うもの」でよかったかもしれないが，夫が定年を迎え家に居るようになると，妻は生活に窮屈感を持つ。夫がこれまで家事・育児に関わってこなかっただけに，定年後は家でごろごろしながらも，現役時代と同じように亭主関白のような生活を続けていては，さすがに長年連れ添った夫婦の間にもすれ違いが生じる。2000年頃から，いわゆる「熟年離婚」が話題になったのも，背景には核家族世帯の団塊世代において定年後，子どもが独立して夫婦2人だけで生活する人が増えたことが影響していると見られる。

　そのような中で「家事は夫婦で協力して行うべきである」「夫婦は自由時間の使い方に干渉すべきではない」と考える人が団塊世代でも増加している（図表2-3）。根強く伝統的価値観が残っていた団塊世代が，高齢になるとともに，より夫婦歩み寄りの価値観へと変化している。もともと，戦後，核家族で行動してファミリーレストランやレジャー施設を家族で利用するようになった最初の世代である団塊世代向けには，改めて「夫婦お互いのために」や「夫婦で一緒に」をテーマとした商品・サービスが肝になるであろう。

　さらに，ポスト団塊世代を見ると，団塊世代と比較して，伝統的価値観は弱いものになっている。図表2-2を見ても分かるとおり，「自分の仕事の目的は会社を発展させることである」という意識を支持する割合は団塊世代よりやや低く，「会社や仕事より，自分や家庭のことを優先したい」意識は団塊世代よりも高い。団塊世代が持つ強い伝統的価値観を見ながら育ったポスト団塊世代は，いわば上の世代（会社でいえば上司にあたる人）に反発する形で，より個人やプライベートを重視する傾向が強かったものと推察される。

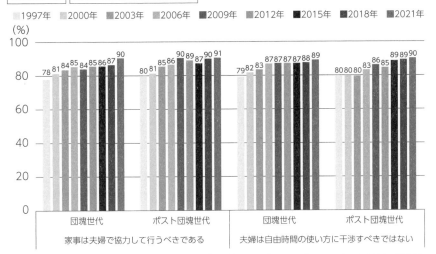

図表2-3 男性における生活価値観

■1997年 ■2000年 ■2003年 ■2006年 ■2009年 ■2012年 ■2015年 ■2018年 ■2021年

（出所）NRI「生活者１万人アンケート調査」（1997年，2000年，2003年，2006年，2009年，2012年，2015年，2018年，2021年）

［3］団塊世代は新し物好き

　団塊世代は高度経済成長期およびバブル期を経験し，退職後は年金支給額も比較的多く恵まれた世代である。また，上の世代と同様の伝統的価値観を持ちつつも，1960年代に話題となったビートルズ等の音楽やカジュアルなアメリカンカルチャーの影響を受けており，「流行」には敏感であると一般的にはいわれている。NRI「生活者１万人アンケート調査」の結果で見ても，消費の価値観として「中古品を買うことに抵抗がない」と回答する人は特に団塊世代では少なく，新し物好きの世代であることがうかがえる（図表2-4）。一方，ポスト団塊世代については，団塊世代よりも「中古品を買うことに抵抗がない」と回答する人はやや多く，団塊世代とはギャップが見られる。

　また，コロナ禍の2021年調査では，この価値観は団塊世代とそれ以外の世代で異なる傾向を見せることになった。NRIが実施する他のインターネット調査などではコロナ禍に入った直後ではコロナ感染リスクから中古品への抵抗感が

大きくなる傾向も一時期見られたが，コロナ禍に入って1年半が過ぎた2021年
調査では概ねコロナ禍以前と同様の回答水準を示していた。しかし，団塊世代
においては中古品への抵抗感が増しており，団塊世代が持つ新し物志向とコロ
ナ感染不安が相まった状態であることがうかがえる。

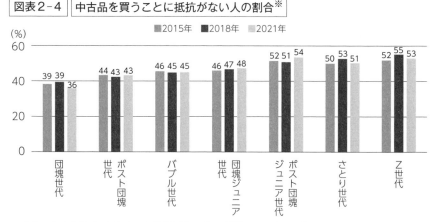

図表2-4 中古品を買うことに抵抗がない人の割合※

※「Ａ：中古製品やリサイクル品を買うことに抵抗はない」と「Ｂ：なるべく新品のものを
　買いたい」について，「Ａに近い」，「どちらかといえばＡに近い」，「どちらかといえばＢ
　に近い」および「Ｂに近い」の４段階で尋ね，「Ａに近い」と「どちらかといえばＡに近
　い」を回答した人の割合を示している
（出所）NRI「生活者1万人アンケート調査」（2015年，2018年，2021年）

[4] アクティブな団塊世代・ポスト団塊世代は人とのつながりを
　　重視する

　従来のシニア層のイメージを覆すくらいの行動力を発揮する団塊世代は，定
年後の時間とお金のゆとりを得て，趣味などの活動を活発に行っている。定年
を迎えるまでは全体として趣味を持つ割合が少ないのだが，定年を迎える前後
の歳（団塊世代は2006年調査，ポスト団塊世代は2012年調査に該当）から，例
えば「国内旅行」を趣味とする割合は2018年調査までは大きく上昇していた
（図表2-5）。

また定年後，週１回以上つきあいのある人として「趣味や習い事などを通じて知り合った友人」をあげる人の割合は団塊世代・ポスト団塊世代で大きく高まっている（図表2-6）。また，積極的にお金をかけたい費目として「人とのつきあい・交際費」をあげる人も2018年調査までは上昇傾向にあった（図表2-7）。

　アクティブな価値観を持ち，他人とのつきあいを重視する団塊世代・ポスト団塊世代には，つながりをテーマにした企画の商品・サービス展開が有効と見られる。先ほど紹介した夫婦の歩み寄りへの価値観変化と合わせて，この世代には「つながり志向」がキーワードとなるだろう。2021年調査では「国内旅行」を趣味とする割合が大きく減少し，積極的にお金をかけたい費目として「人とのつきあい・交際費」も減少しているが，図表2-6に示すとおり他人との付き合いにおいてはさほど減少していないため，コロナ禍が収束した暁にはこうした「つながり志向」に起因する商品・サービスへの需要は戻るものと想定される。

図表２-５ 趣味・余暇活動「国内旅行」

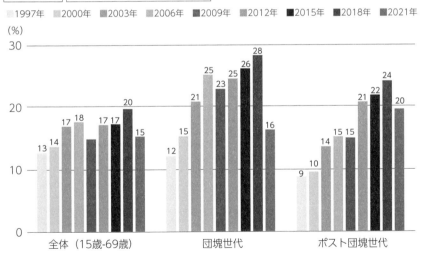

（出所）NRI「生活者１万人アンケート調査」（1997年，2000年，2003年，2006年，2009年，2012年，2015年，2018年，2021年）

図表2-6 週1回以上つきあいのある人「趣味や習い事などを通じて知り合った友人」

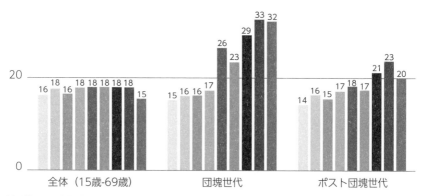

（出所）NRI「生活者1万人アンケート調査」（1997年，2000年，2003年，2006年，2009年，2012年，2015年，2018年，2021年）

図表2-7 積極的にお金を掛けたい費目「人とのつきあい・交際費」

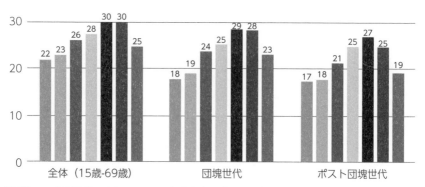

（出所）NRI「生活者1万人アンケート調査」（2003年，2006年，2009年，2012年，2015年，2018年，2021年）

2-2　団塊世代・ポスト団塊世代のデジタル活用

［1］スマートフォン普及でも，使いこなすレベルには至っていない

　第1章では日本の生活者の全体傾向として2012年調査から2015年調査にかけてスマートフォンが普及し，さらに2018年調査ではスマートフォンの使われ方はパソコン以上に多岐に渡っていることを紹介した。しかし，新し物好きで人とのつきあいを重視する団塊世代・ポスト団塊世代であるが，SNS等のサービスを使いこなせるまでには至っていない。

　2021年調査では団塊世代のスマートフォン保有率は60％，ポスト団塊世代は76％まで増加してきたが（図表2-8），スマートフォンで行うアクティビティは「メールの送受信」がメインである（図表2-9）。全体（15歳〜69歳）ではネットショッピングやネットバンキング等，従来パソコンで行うようなアクティビティは今やスマートフォンで行うことが多いが，団塊世代・ポスト団塊世代ではパソコンで行う人の方が依然としてやや多い。

　団塊世代は現役時代の終盤でようやく会社でパソコンが普及し，使い始めた世代であるが，定年後15年以上経った現在でも，スマートフォンよりパソコンを使う方が手慣れていると見られる。

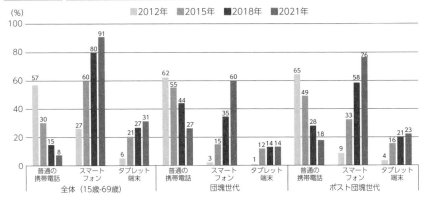

図表2-8 個人で保有する情報端末

（出所）NRI「生活者1万人アンケート調査」（2012年，2015年，2018年，2021年）

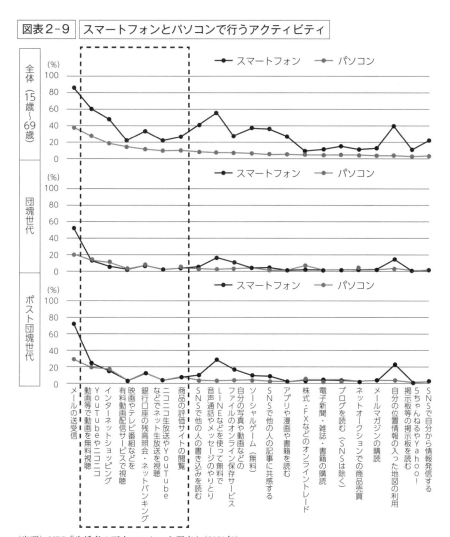

図表2-9 スマートフォンとパソコンで行うアクティビティ

（出所）NRI「生活者1万人アンケート調査」（2021年）

［2］情報収集はインターネットよりもテレビ・ラジオ・新聞が重要

　団塊世代・ポスト団塊世代は，情報収集の手段を見るとインターネットより
もテレビ・ラジオ・新聞等のマスメディアの方が親和性は高い。テレビは1950
年後半から普及し始めたが，その時団塊世代は小学校高学年であり，子ども時
代にテレビの影響を大きく受けた「第一次テレビっ子世代」ともいわれている。

　定年により時間的に余裕ができたこともあり，団塊世代・ポスト団塊世代の
テレビの視聴時間は経年で伸びている（図表2-10）。テレビを見て育った団
塊世代・ポスト団塊世代は，商品を購入する際の情報源としても，「テレビの
コマーシャル」を参照するは相対的に高い（図表2-11）。

　またラジオや新聞といった昔からある情報媒体との親和性も高く，「ラジオ・
新聞・雑誌の広告」「新聞の記事」，そして新聞とセットで配達されるお馴染み
の媒体として「折り込みちらし」を情報源として回答した割合が他の世代と比
べて高いことが特徴的である（図表2-11）。

　団塊世代・ポスト団塊世代に向けたマーケティングは，インターネットより

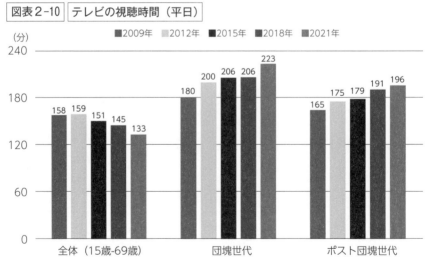

図表2-10　テレビの視聴時間（平日）

（出所）NRI「生活者1万人アンケート調査」（2009年，2012年，2015年，2018年，2021年）

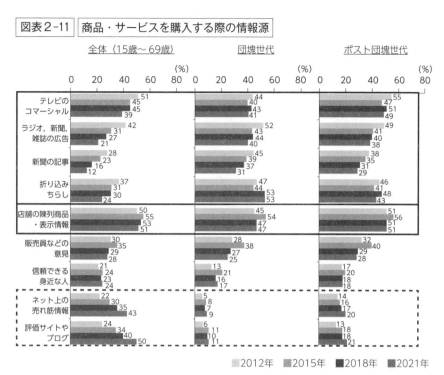

図表2-11　商品・サービスを購入する際の情報源

	全体（15歳〜69歳）(%)	団塊世代 (%)	ポスト団塊世代 (%)
テレビのコマーシャル	51 / 45 / 45 / 39	44 / 40 / 43 / 41	55 / 47 / 51 / 49
ラジオ，新聞，雑誌の広告	42 / 31 / 27 / 21	52 / 43 / 44 / 40	49 / 41 / 40 / 38
新聞の記事	28 / 23 / 16 / 12	45 / 39 / 37 / 31	38 / 31 / 31 / 29
折り込みちらし	37 / 31 / 30 / 24	47 / 44 / 53 / 53	46 / 41 / 48 / 43
店舗の陳列商品・表示情報	50 / 55 / 53 / 51	45 / 54 / 47 / 47	51 / 56 / 51 / 51
販売員などの意見	30 / 35 / 29 / 28	28 / 38 / 27 / 25	32 / 40 / 29 / 28
信頼できる身近な人	21 / 24 / 23 / 24	13 / 21 / 16 / 17	17 / 20 / 18 / 18
ネット上の売れ筋情報	22 / 30 / 35 / 43	5 / 8 / 7 / 9	14 / 16 / 17 / 20
評価サイトやブログ	24 / 34 / 40 / 50	6 / 11 / 10 / 11	13 / 18 / 18 / 21

■2012年　■2015年　■2018年　■2021年

（出所）NRI「生活者1万人アンケート調査」（2012年，2015年，2018年，2021年）

テレビ・新聞・ラジオ等の従来型マスメディアを活用したアプローチがキーワードとなりそうだ。

［3］団塊世代やポスト団塊世代にリーチするためのメディア活用とは

　テレビ離れをしていない団塊世代・ポスト団塊世代においては，「テレビのコマーシャル」は引き続き重要な情報源である。また，ラジオ・新聞等のメディアにも慣れ親しんでいた団塊世代の特徴を踏まえると，「ラジオ，新聞，雑誌の広告」による訴求も有効である。

特に，メディアに対する信頼性を重視する団塊世代・ポスト団塊世代にとっては，新聞はいうまでもないが，市区町村が発行する広報誌などの行政誌もまたよく読まれる媒体である。時間はたっぷりあるシニア層だけに，隅々までじっくり読まれる行政誌は，団塊世代・ポスト団塊世代にリーチするための手段として活用できる。

また行政誌だけでなく，シニア層の利用が多い「クラブツーリズム」や，シニア層がお得に利用できるJR東日本の「大人の休日倶楽部（ジパング）」が発行する会員誌なども，団塊世代・ポスト団塊世代に効果的に訴求することが期待できる。会員誌は配布先が限定されるが，会員に効率的にアプローチできるため，広告の無駄打ちは起こりにくく，効果的なプロモーションが可能となる。また自身の意思で会員となっているため，入会先の企業・グループに一定の信頼を置いていると考えると，団塊世代やポスト団塊世代にとって会員誌に掲載される広告への信頼性は高くなると想定される。

しかし，行政誌や会員誌に掲載する情報は，単発の商品・サービス売り込みの広告宣伝だけになると本来の行政誌や会員誌のテーマやイメージとかけ離れたものになり，広告自体に違和感が生まれる。広告掲載においては記事自体に関連する情報であったり，団塊世代・ポスト団塊世代に読まれる情報を意識して訴求することが必要である。

また，新聞の購読率が高い団塊世代・ポスト団塊世代には，新聞と一緒に提供される「折り込みちらし」もじっくり読まれる媒体である。図表2-11を見ても分かるように，情報の取捨選択が苦手な団塊世代・ポスト団塊世代にとっては，おすすめやお得感の分かりやすい「折り込みちらし」は有力な情報媒体となる。

広告や情報がデジタルシフトする中で，ややその流れから遅れた団塊世代・ポスト団塊世代では，「やはりマス媒体でよいとされているものが安心」と信頼を寄せる側面がある。新たなデジタル情報を積極的に活用する若年層と，使い慣れた従来型マス情報への依存度を強めるシニア層。マーケターはこの二極化傾向にも着目して，ターゲットに応じた情報提供をしていくことが求められる。

［4］ リアル店舗での情報収集や支援も重要となる

　図表2-11からは団塊世代・ポスト団塊世代では従来型マスメディアによるアプローチが重要であることが分かるが，「店舗の陳列商品・表示情報」についても2021年調査では減少していないことから，リアル店舗の役割は引き続き重要である。

　スマートフォンの普及および利用自体が浸透したことで，多くの消費者は個人端末による情報収集に慣れ，デジタル機器活用への抵抗感がなくなってきている。Z世代などのデジタルネイティブな世代でなくても，新しいデジタルサービス利用の受容性は上がっているが，数ある流通側の施策に対し，デジタルをうまく活用できないシニアが置いてきぼりになってしまうおそれもある。

　流通側の業務効率化施策としてセルフレジは浸透してきているが，例えばイトーヨーカドーでは，スマートフォンを使ったセルフレジやショッピングカートを使ったセルフレジが導入されており，導入店舗も徐々に増えている。どちらの施策も商品のバーコードを，買い物をしながらスマートフォンのカメラもしくは専用のスキャナーで読み取っていき，専用の会計レジにてスマートに決済できる仕組みとなっている。このようなサービスが浸透することで，店舗内のレジ人員などを削減することができるが，デジタル活用に疎い団塊世代・ポスト団塊世代ではなかなか利用が難しいサービスであろう。全体としてデジタル活用の受容性は高まり，デジタルを導入することで店舗業務の効率化が実現できるが，デジタル化によって余剰となる人員をデジタル化にうまく対応できないシニア向けにリアル面での支援に割り当てて充実化させていくことで，デジタル対応層・非対応層双方の買い物満足度は高まり，全体需要が底上げされていくことになる。若年層向けにはデジタルにより利便性と効率性を上げ，シニア向けにはリアルの支援を手厚くしていくことで取りこぼしがないように対応していくという，セグメントに合わせた最適戦略が重要となる。

［5］健康に不安を感じる世代に向けた「定期購入サービス」にチャンスあり

　依然としてスマートフォン等の情報端末の扱いには不慣れである団塊世代・ポスト団塊世代においては，昨今話題になっているサブスクリプションサービスやシェアリングサービスなどの最新サービスを利用したいと思う人はまだ少ない。

　一般論としてもよくいわれることであるが，最新サービスの利用は若年層や都市部に住んでいる人から始まり，徐々に中高年層や地方に住む人に浸透していく傾向がある。例えば，「月々に一定の金額を支払うことで好きなだけ利用することができるサービス」（=サブスクリプションサービス）や「スマホから商品を出品・購入できるフリーマーケットアプリ」，「会員間で特定の自動車を共同使用するカーシェアリングサービス」は若年層ほど利用経験者の割合が高い傾向にある（図表2-12）。

　しかし，団塊世代・ポスト団塊世代においては，例えばAmazon定期おトク便サービスに代表されるような「食料品や消耗品など，特定の商品を定期的に

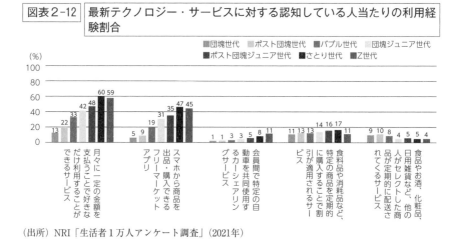

図表2-12　最新テクノロジー・サービスに対する認知している人当たりの利用経験割合

（出所）NRI「生活者1万人アンケート調査」（2021年）

購入することで割引が適用されるサービス」やオイシックスやヨシケイ（食材や調味料，レシピなどがセットになったミールキット配送サービス）に代表されるような「食品やお酒，化粧品，日用雑貨など，他の人がセレクトした商品が定期的に配送されてくるサービス」については，サービスの認知率は低いものの，認知している人当たりの利用経験割合はその下の若い世代と同程度であったり，団塊世代やポスト団塊世代の方が高い割合であった（図表2-12）。

　すでにシニア層である団塊世代およびシニア層に差しかかっているポスト団塊世代は，自身が抱える悩みとして「自分の健康」への不安が高まっている。今は健康であるが，今後身体が不自由になり，将来的に自分が買い物難民になってしまう可能性を考えると，食料品等の日用品を定期的に配送してくれるサービスのニーズは団塊世代・ポスト団塊世代には高いといえる。

　しかし，現時点ではこのようなサービスの認知率は低い。団塊世代・ポスト団塊世代に対して，サービスの存在をもっと知ってもらうことで，新しいサブスクリプション型のサービスへの需要を掘り起こすことができると考えられる。ただし，団塊世代・ポスト団塊世代はデジタル情報志向より従来型マスメディアへの情報志向が強い。新しいサービスを知ってもらうためには，テレビや新聞，折り込みちらし等の媒体を活用することで，この世代への認知が浸透し，サービス利用は進むものと想定される。

［6］個人情報登録への抵抗感は中高年層では緩和されているが，シニアは依然として強い

　第1章で触れたインターネットの利用状況や本節で紹介した新サービスの利用状況を見るに，2021年の調査では概ね30代から50代の中高年層において，デジタル活用が進んだことがうかがえた。デジタルにおいてさまざまなサービスを利用する上では，自身の情報（氏名，住所，電話番号，メールアドレス，クレジットカード情報など）を登録する必要も出てくるが，こうした個人情報登録への意識も年代によって違いが出ていることが明らかとなった。

全体傾向

A：利便性が高まる等のメリットがあれば
　　個人情報を登録してもよい

B：メリットがあっても
　　個人情報を登録したくない

■Aに近い　■どちらかといえばA　□どちらかといえばB　■Bに近い

上記グラフにおいてA側価値観（個人情報登録派）の世代別推移
（「Aに近い」「どちらかといえばA」の合計）

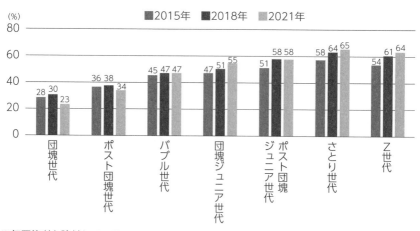

※無回答者を除外している
（出所）NRI「生活者1万人アンケート調査」（2015年，2018年，2021年）

図表2-13は、「Ａ：利便性が高まる、ポイントがつくなどのメリットがあれば、会員サービスやネットショッピングを利用する際に個人情報を登録してもよい」および「Ｂ：メリットがあっても、情報漏えいの心配やプライバシー保護を優先して、なるべく個人情報は登録したくない」の考え方について、Ａ側に近いかＢ側に近いかを示したものである。全体傾向では2018年と2021年では変化がないように見えるが、世代ごとに分解すると価値観変化に年代ごとの特色が見られる。Ａ側の価値観、つまり個人情報登録への抵抗感が緩和されているのは、2021年調査では団塊ジュニア世代であり、ちょうどデジタル活用が進んだ層に位置づけられる。一方、団塊世代・ポスト団塊世代については個人情報登録への抵抗感が増しており、人口が多いことも影響していることから、図表2-13上段の全体傾向としては変化が見られない結果となっているのである。

［7］半ば強制的に使わせる環境がデジタル利用の促進につながった

　個人情報登録への抵抗感緩和については「鶏が先か、卵が先か」の因果性ジレンマはあるが、一度デジタルサービスを利用した人はその後も使い続ける傾向があることから、デジタルサービス利用によってその利便性を享受でき、デジタル利用への抵抗感がなくなってくることによって個人情報を登録することへの抵抗感も薄れていくのではないかと考えられる。シニアのデジタル利用について、山梨県のシニア層にインタビューした内容として、以下のようなコメントを聞くことができた。

　「山梨では"無尽"という集まりがあり、自分もいくつかの"無尽"に所属して、コミュニケーションを取っている。今やコミュニケーションはLINEが主である。最初はLINEというものに抵抗があったが、使ってみると便利で、今や当たり前のように使っている。」

　"無尽"とは元々は相互扶助の民間金融制度だったものが、その後「飲み会」や「旅行」などの集まり・グループに変わっていったもので、山梨県民のコ

ミュニケーション文化として根付いているものである。このインタビューから分かることは、やはりデジタルサービスを初めて利用することには抵抗感があるのだが、半ば強制的に利用させられることによって、その利便性を実感し、そのまま利用し続けるという傾向である。コロナ禍では、突然の外出自粛要請やテレワークの導入などにより、国民全体が生活スタイルを替えざるを得ない状況となった。しかし、このことがきっかけとなり、特に30代から50代までの現役世代を中心に半ば強制的にもデジタル利用が進むことで、デジタルサービスの利便性に納得し、更なるデジタル利用につながるものと想定される。

［8］団塊世代・ポスト団塊世代におけるデジタル活用の底上げとして重要なことは

　社会全体がデジタル化により急速に変化していく流れは止められない。コロナ禍では自衛隊大規模接種会場のコロナワクチン予約はインターネットでの予約が必須であった。銀行は支店窓口やATMを徐々に減らしてきている。航空会社は紙の時刻表を廃止しており、交通機関の発車・到着時刻はインターネットで調べるのが一般的となっている。これまでインターネットがなくても行動できていたことが、インターネット利用が徐々に必須となってきており、デジタルは利便性向上のためのツールから普通の生活を送るために必須のツールとなりつつある。

　このような状況において、団塊世代ではスマートフォン保有率が60％まで伸び、ポスト団塊世代では76％まで伸びてきたが、本章で紹介したとおり、必ずしもスマートフォンを使いこなせているとはいえず、シニアではデジタル活用が進んでいないのが現状である。自治体によってはこうしたシニアのデジタル活用を支援する動きも起きている。渋谷区では65歳以上の区民で、スマートフォンを保有していない人に対し、渋谷区がスマートフォンを2年間無料で貸し出し、機器やアプリの活用を支援することで、高齢者の生活の質の向上を図ることを目的とする事業を2021年10月より展開している。事業の中で、機器や

アプリ（区防災アプリ，LINE，YouTube，天気予報，健康増進など）につい
ては，操作方法等を講習会や個別相談会で丁寧に説明し，シニアの活用を促進
している。このような行政主導の事業がシニアのデジタル活用のきっかけとな
り，デジタル活用意識の変容につながることが期待される。

またNRI「生活者1万人アンケート調査」では70代までが対象者となってい
るため，80代以上の実態は明らかにはできないが，年齢の高いシニア世帯にお
いてはデジタル活用以前の問題として，パソコン等の情報端末がない，ネット
ワーク設備が整っていないなどの世帯が多いことが想定される。デジタル活用
はコロナ禍におけるニューノーマルな生活様式を取り入れる上でも必要不可欠
な要素であるが，デジタルを活用できる環境になって初めて恩恵を受けられる
ものであり，デジタル弱者の存在を忘れてはならない。NRIが山形県にて行っ
たインタビュー調査では，「地方の年金暮らしの高齢者は，ネット利用費とし
て，毎月数千円がランニングコストとして発生することが家計負担として大き
い。ネット回線を引くことが心理的にも敬遠され，最もデジタル化が進まない
要因である。」などの切実な声が聞かれている。

シンガポールでは2020年5月から，高齢者のデジタルスキル向上促進のため
に「SGデジタルオフィス」を設置しており，2021年3月末までに高齢者10万
人のデジタルスキル向上を目標として，高齢者向けデジタル支援計画「シニ
ア・ゴー・デジタル」を展開した。アンバサダーによるデジタルスキルの指導
支援だけでなく，シンガポールの主要移動体通信事業者は大容量データを低料
金で使用できる専用特別料金プランを用意するなどの，デジタル環境の整備面
でも支援策を取っている。日本においても，主要移動体通信事業者各社が，従
来よりも安価な料金プランを設定したことで話題になったが，申し込みや故障
対応などがオンライン限定であり，デジタル弱者にとっては，そもそも入口に
すら立てない状況である。

2021年9月より「デジタル庁」が発足している。「誰一人取り残さない，人
に優しいデジタル化」を基本理念に据えており，政府主導による高齢者を含め
た社会全体のデジタル化推進が期待されるが，デジタル庁の活動だけでは速効

性や実効性の面で十分ではないかもしれない。実質的には民間企業による支援が必要不可欠であり，また明らかにデジタル弱者の抱えるペインポイントを解消するビジネスニーズは存在する。国民の生活を下支えするデジタル活用度を底上げしていくためには，官民連携によりデジタル弱者に向けた支援を進めていくことが社会的意義としても重要であり，急務である。

**「人生100年時代」を活きるシニア生活の
ポイント**

［1］社会的交流のあるシニアは日々の生活が充実

　2016年に出版されたロンドン・ビジネス・スクール教授のリンダ・グラット
ン，アンドリュー・スコットによる著書『LIFE SHIFT（ライフ・シフト）
100年時代の人生戦略』（東洋経済新報社）において，先進国の寿命長期化に
よって「人生100年時代」が到来するとし，100年間生きることを前提とした人
生設計の必要性が論じられた。首相官邸においても，「人生100年時代構想会
議」が設置され，人生100年時代を見据えた経済社会システムを創り上げるた
めの政策のグランドデザインが検討されているように，長寿化するシニアの生
活を維持するための対策が求められている。

　シニアが活力ある生活を維持するためには，いわゆる健康寿命を伸ばすこと
が重要である。健康寿命とは「健康上の問題で日常生活が制限されることなく
生活できる期間」であるとWHO（世界保健機構）では定義されているが，厚
生労働省の「健康寿命のあり方に関する有識者研究会報告書」（2019年３月）
では，「健康寿命とは単に身体的要素に止まらず，精神的要素・社会的要素も
一定程度広く，包括的に表していると考えられる」と記載されているように，
身体的な健康維持だけでなく，精神的・社会的な健康維持も重要な要素であり，
その１つが社会的な交流を持ち続けることにある。

　NRI「生活者１万人アンケート調査」では，日ごろの人との付き合いとして，
「週１回以上，会話や連絡をとる人」について聴取している。その中で，地域・
隣近所の人や，趣味や習い事などを通じて知り合った友人など，家族・親族以
外の人とコミュニケーションをとっている人を「社会的交流あり」と定義する
と，社会的交流のあるシニアの方が，生活満足度が高いという結果が得られて
いる（図表２-14）。社会的交流が少なくなることで，行動全般的に消極的に

なり，趣味や余暇活動，消費行動にも影響を及ぼし，結果として生活満足度の低下へとつながると考えられる。社会的な交流をもつことが，シニアの生活を充実させる要素として大きいと想定される。

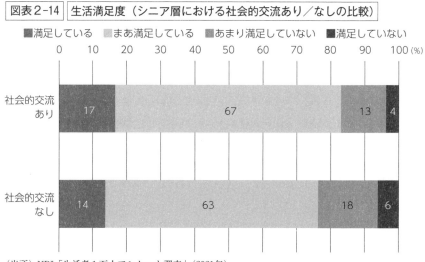

| 図表2-14 | 生活満足度（シニア層における社会的交流あり／なしの比較） |

(出所) NRI「生活者1万人アンケート調査」(2021年)

［2］シニアの就業も人生100年時代を活きる重要な要素

　団塊世代やポスト団塊世代が週1回以上家族や親族以外の人と社会的な交流をする対象としては，「地域・隣近所の人」がトップにきており，続いて団塊世代の場合は「趣味や習い事などを通じて知り合った友人」である（図表2-15）。一方ポスト団塊世代において2番目（団塊世代では3番目）にくるのが「会社・仕事を通じて知り合った人」であり，ポスト団塊ジュニア世代の3分の1を占める。通常，定年後は会社関係者との交流がぱったりなくなる中で，週1回以上も交流を続ける人が多いのは，定年後にも何らかの形で仕事を続けているためである。すなわち，人生100年時代を活きることには，シニアの就業もまた重要な要素であることがうかがえる。

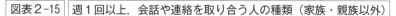

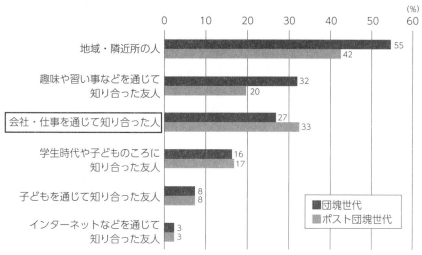

| 図表2-15 | 週1回以上，会話や連絡を取り合う人の種類（家族・親族以外） |

（出所）NRI「生活者1万人アンケート調査」（2021年）

［3］会社や組織の発展に対する意識が高いシニア就業者

　ここでは，NRI「生活者1万人アンケート調査」で尋ねている就業意識の調査結果から，シニアの就業制度・環境を整える上でのヒントを探っていきたい。

　65歳以上でも就業している人の中には，会社役員や事業主である人も含まれ，NRI「生活者1万人アンケート調査」の回答者の中でも，3割強が会社役員や事業主に該当する。会社役員や事業主は「自分の能力や専門性を高めることで社会的に認められたい」や「出世や昇進のためには，多少つらいことでも我慢したい」および「資格を取得したりして，自分の能力の向上に積極的に努めたい」などの向上心に関わる意識が強い傾向があり，今後の一般的なシニア就業を検討する上で，バイアスとなるため，本稿の分析対象からは会社役員や事業主を除外する。また，団塊世代は2021年調査時点で71歳〜75歳に該当することから就業者が少なく，調査上の回収サンプルが少なくなることから，ポスト団塊世代の就業者について詳細な分析を行うことにする。図表2-16は会社役員

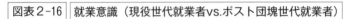

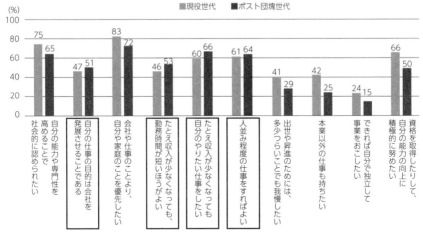

図表2-16 就業意識（現役世代就業者vs.ポスト団塊世代就業者）

■現役世代 ■ポスト団塊世代

(%)

項目	現役世代	ポスト団塊世代
自分の能力や専門性を高めることで社会的に認められたい	75	65
自分の仕事の目的は会社を発展させることである	47	51
会社や仕事のことより、自分や家庭のことを優先したい	83	72
たとえ収入が少なくなっても、勤務時間が短いほうがよい	46	53
たとえ収入が少なくなっても自分のやりたい仕事をしたい	60	66
人並み程度の仕事をすればよい	61	64
出世や昇進のためには、多少つらいことでも我慢したい	41	29
本業以外の仕事も持ちたい	42	25
できれば自分で独立して事業をおこしたい	24	15
資格を取得したりして、自分の能力の向上に積極的に努めたい	66	50

※会社役員および事業主を分析対称から除外している
（出所）NRI「生活者1万人アンケート調査」（2021年）

や事業主を除外した現役世代（65歳未満就業者）とポスト団塊世代の就業意識を比較したものである。

65歳未満の現役世代と比較すると「自分の能力や専門性を高めることで社会的に認められたい」および「資格を取得したりして，自分の能力の向上に積極的に努めたい」等の向上心に関わる意識は自然と低くなる。また，「会社や仕事のことより，自分や家庭のことを優先したい」も低いが，これは定年後のシニアの生活ではそもそもプライベートの時間にゆとりがあることを踏まえると，意識の面では子育て等も含め日々の生活が忙しい現役世代より低くなると想定される。

逆に，シニア就業者の方が高い項目として，「たとえ収入が少なくなっても，勤務時間が短いほうがよい」「人並み程度の仕事をすればよい」があげられるが，就業を日々の生活を充実させる要素と捉える意味では，現役世代より高くなることは自然である。

図表2-16で意外な結果であったのは，「自分の仕事の目的は会社を発展さ

せることである」がポスト団塊世代の就業者の方が高いことである。この項目は勤続年数が長い人ほど高くなる項目であり，会社への忠誠心の高さがうかがえる項目である。しかし，ポスト団塊世代の就業者については，就業5年未満の再就職者についてもこの項目は高いのである（図表2-17）。つまり，新しい職場における再就職であっても，単なる時間つぶしや生活賃金稼ぎのためではなく，新しい職場の発展のために従事する意識の高さが，ポスト団塊世代の就業者にはある。シニアの再雇用・再就職の業務内容では軽作業や清掃，警備といった職種が多く存在するが，シニアにおける会社や組織への貢献意識を汲み，これまで培ってきた経験・スキルの活きる職種や後進の指導を担うポジションを増やすことはシニアの活躍の場を広げると共に，会社・組織の発展にも有効に機能するだろう。

図表2-17　就業意識「自分の仕事の目的は会社を発展させることである」

（現役世代就業者vs.ポスト団塊世代就業者，勤続年数別）

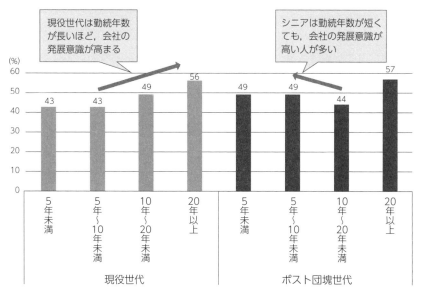

※会社役員および事業主を分析対称から除外している
（出所）NRI「生活者1万人アンケート調査」（2021年）

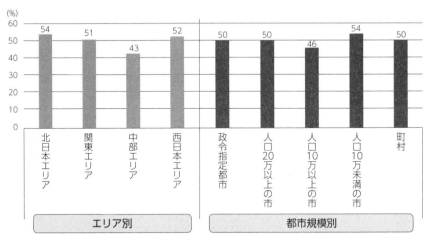

図表2-18 就業意識「自分の仕事の目的は会社を発展させることである」

（シニア就業者，エリア別/都市規模別）

（%）

エリア別：北日本エリア 54，関東エリア 51，中部エリア 43，西日本エリア 52

都市規模別：政令指定都市 50，人口20万以上の市 50，人口10万以上の市 46，人口10万未満の市 54，町村 50

※会社役員および事業主を分析対称から除外している
（出所）NRI「生活者1万人アンケート調査」（2021年）

　なお，会社役員や事業主を除いた一般的なシニア就業者における会社に対する発展意識は，都市や地方といった居住エリアや居住地の都市規模の違いによってあまり左右されない意識であることが分かっている（図表2-18）。このようなシニアの職務に対する意識の高さは，都市部や地方等のエリアや都市規模に左右されず，幅広くシニアが共通して持つ価値観であることがうかがえる。

　地方で活躍するシニア就業者の事例として，シニアの職務に対する意識の高さから，組織の発展，ひいては地域の貢献にもつながっているシニアの団体を2つ紹介したい。静岡県三島市にある「NPO法人三島フォレストクラブ」では，箱根西麓の森林整備（杉および檜の間伐，広葉樹の植樹など）と植生の調査・保全を目的とした活動を行っている。会員の年齢は60代や70代の団塊世代やポスト団塊世代がメインであり，団体活動の企画・運営は大方シニア会員で行われている。会員の中には，会社勤めで培った技術を生かしている人も多く，例

えば，元自動車整備士やバス運転手はチェーンソーや刈払機および林内作業車に精通し，また機械関係の会社に勤めていた会員は，木材の搬出について適切な方法を提案するなど，同団体の活動に大きく貢献している。活動参加者には「活動支援費」として，1日につき2,000円がお金ではなく，クーポン券の一種である「森林券」で支払われる。この森林券は活動の趣旨に賛同した市内の契約店舗で使用することができ，地域経済の活性化にも役立っている。

　また，2つめの団体として同市にある「三島市ストップ温暖化推進協議会」も，シニアのボランティア中心に地球温暖化の防止を目指した啓発活動を行っている。会員それぞれが現役時代に培った専門性や技術を活かしながら独自の出前講座メニューを開発し，小学生の子どもたち等に対し温暖化防止に関するイベントを実施している。会発足当初はイベントへの参加・来場者数は400名ほどであったが，今では毎年4,000名ほどの人に環境問題・エネルギー問題の啓発を行うまでになった。その成果が認められ2018年度には，地球温暖化防止活動環境大臣表彰（環境教育活動部門）を受賞している。

　このように地域レベルでは，環境意識の高いシニアがボランティアというかたちで活動しているが，ボランティアであっても就業と同様に組織の発展に貢献したいという意識の高さは変わらず，結果として地域経済の活性化や子どもたちへの教育という面で地域に貢献している好事例である。同時にシニア自身も，会員メンバーや地域住民，子どもたちとコミュニケーションを取ることで，シニアとして第2の人生を送る自分の価値を再認識し，充実した日々を送ることができている。事例としてあげた2つのボランティア団体の活動は三島市の行政的なバックアップがあって活動が維持されている面もあるが，こうした地道な取り組みが組織・地域の活性化だけでなく，人生100年時代を見据えた経済社会システムの実現にもつながっていることを認識しておきたい。

　アメリカの心理学者マズローは，人間の欲求は5段階のピラミッド構造となっており，底辺側から「生理的欲求」，「安全欲求」，「社会的欲求」および「承認欲求」が積み重なり，最上段に成長欲求としてあるべき自分になりたい

「自己実現欲求」があるという「マズローの欲求5段階説」を説いていたことは有名である。しかし，マズローが晩年にこの5段階に加え6段目として，自己を超え他人の利益（利他）を目指す「自己超越欲求」を説いていたことをご存じであろうか。この欲求は社会貢献欲求と言い換えてもよいだろう。社会に参加し活動することによって自分自身に役割を与えることは，シニアにとっても本来人間に備わっている成長欲求の延長であり，充実した生活を送る本質的な要素であると考えられる。

　会社で働く期間を40年，人生を100年とした場合，実は第二のシニア人生を過ごす時間は会社で働く時間とほとんど変わらない。人生の後半戦は想像以上に長いが，一方で高齢に伴う身体的な不自由さもまた避けられないことである。身体面の不自由さはデジタル活用によって支え，社会的交流によって精神面が豊かになることで，団塊世代やポスト団塊世代の人たちが生きがいに満ちたシニアライフを謳歌できる人生100年時代の実現を願いたい。

第 3 章

右肩上がりの消費を謳歌した
バブル世代

3-1 バブル世代の特徴

［1］右肩上がりの消費生活の中で成長したバブル世代

　バブル世代は，バブル景気による売り手市場時に社会人となった世代を意味し，大体1965年〜1970年生まれを指す場合が多いが，本書ではバブル景気の時期に若手社会人として過ごした人も含めて1960年〜1970年生まれをバブル世代として定義する。

　バブル世代は物心ついた頃は，すでに日本は順調に経済成長を続けており，1980年代は「ジャパン・アズ・ナンバーワン」といわれる安定成長期を迎える中で，生活水準は向上し，豊かな活気ある社会を形成した。

　バブル世代は，その就職活動時期がバブル経済の時期に重なり，日本の景気は極めてよく，どの企業も事業拡大を図って就職時の人員募集を大幅拡大していた。企業の求職人数は就職希望者を大幅に上回り，厚生労働省が管轄する重要統計指標である有効求人倍率（全国のハローワークで仕事を探す人1人当たり何件の求人があるかを示す比率）は1990年7月で1.46倍にまで上昇していた。有効求人倍率には新規大学卒業者の求人・求職は含まれていないが，ハローワークにおける求人需要が高かった状況から，新卒学生に対しても当時いかに企業が人員を求めていたかが分かるであろう。

　内定式の数日前から観光地のホテルを貸し切りにして「研修」の名目で内定した学生を囲い込んだり，入社式をハワイで行ったり，社員旅行は全額会社負担でロサンゼルスへ行ったりと，今では考えられない羽振りのよさであったという。

　就職活動時・社会人初期にそのような右肩上がりの消費を謳歌したバブル世代は，その後「失われた20年」を過ごしてきた。そして2018年調査時は，これから現役時代最後の10年を過ごそうとする40代後半から定年間近の50代後半に

来ている。1997年から開始したNRI「生活者1万人アンケート調査」が保有するデータでは，バブル世代は社会人生活中盤の27歳～37歳（1997年調査時）から終盤の48歳～58歳（2018年調査時）までとなる。この20年間におけるバブル世代が持つ価値観・行動の特色および変化を追っていきたい。

［2］団塊世代が持つ伝統的な価値観からは解放

　バブル世代は若いときから企業などで活躍し，消費生活を謳歌してきた人が多く，組織より個を重視する価値観を持つといわれる。NRI「生活者1万人アンケート調査」の調査結果を比較して見ても，「目上の人の言うことには，原則として従うべき」や「親は精神的に頼りになる存在である」等の上下関係を律する価値観は団塊世代・ポスト団塊世代よりもやや弱くなっている（図表3－1）。

　さらには「親が離婚するのは親の自由である」を支持する傾向はバブル世代が強くなっており，親は親で自由にしてもらえればいいし，反対に自分たちは自分たちで好きにやるという従来の規範に対する自由な考え方がうかがえる。

　また，「家事は夫婦で協力して行うべきである」，「夫婦は自由時間の使い方に干渉すべきではない」，「夫婦はお互い経済的に自立した方が望ましい」，「夫婦の間で秘密をもってもかまわない」等の夫婦・男女のあり方についても，団塊世代・ポスト団塊世代が持っていた伝統的価値観から脱却している（図表3－2）。

　むしろ，バブル期において「アッシー君（女性を自動車で送迎させられる男性のこと）」や「メッシー君（女性に食事をおごらされる男性のこと）」と呼ばれる男性が出現したように，恋愛・結婚における力関係が女性の方が強かった時代であるともいえる。それを踏まえると，「妻は夫に従うもの」と考えられていた団塊世代とは全く異なる価値観を持っていることが分かる。

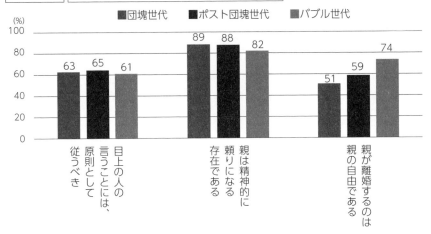

図表3-1 同年齢時期※における生活価値観・家族観

■団塊世代 ■ポスト団塊世代 ■バブル世代

目上の人の言うことには、原則として従うべき：63／65／61

親は精神的に頼りになる存在である：89／88／82

親が離婚するのは親の自由である：51／59／74

※団塊世代は1997年調査（47歳～51歳），ポスト団塊世代は2006年調査（47歳～55歳），
バブル世代は2018年調査（48歳～58歳）のデータをそれぞれ使用
（出所）NRI「生活者1万人アンケート調査」（1997年，2006年，2018年）

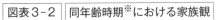

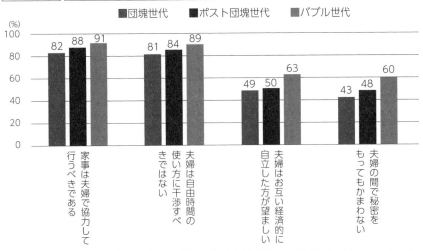

図表3-2 同年齢時期※における家族観

■団塊世代 ■ポスト団塊世代 ■バブル世代

家事は夫婦で協力して行うべきである：82／88／91

夫婦は自由時間の使い方に干渉すべきではない：81／84／89

夫婦はお互い経済的に自立した方が望ましい：49／50／63

夫婦の間で秘密をもってもかまわない：43／48／60

※団塊世代は1997年調査（47歳～51歳），ポスト団塊世代は2006年調査（47歳～55歳），
バブル世代は2018年調査（48歳～58歳）のデータをそれぞれ使用
（出所）NRI「生活者1万人アンケート調査」（1997年，2006年，2018年）

［3］ 男女雇用機会均等法が女性の社会進出を後押しし，
　　　伝統的価値観からの脱却へ

　バブル世代の価値観に大きな影響を与えたこととして，1986年に施行された男女雇用機会均等法がある。大学・大学院卒業のバブル世代は男女雇用機会均等法の施行後に就職した最初の世代であり，バブル景気による雇用拡大もあって，女性の社会進出を大きく後押しした。

　NRI「生活者1万人アンケート調査」で尋ねている就業意識を見ても，バブル世代は団塊世代とはギャップが見られる。「自分の能力や専門性を高め，社会的に認められたい」意識は，40代後半〜50代の同年齢時期における団塊世代・ポスト団塊世代・バブル世代を比較すると，バブル世代の男性の意識はやや低い一方で，バブル世代の女性は団塊世代より10ポイント以上高くなっていることが分かる（図表3-3）。

　他方で，第2章の図表2-2「同年齢時期における男性の就業意識・家族観」で示したようにバブル世代の男性は「会社や仕事より，自分や家庭のことを優先したい」意識が高くなっているように，団塊世代が持っていた「男は仕事，女は家庭」という考えから，仕事一辺倒ではない方向に変化していることがうかがえる。

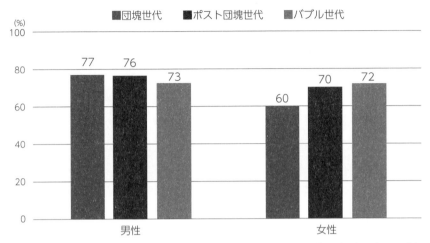

図表3-3 同年齢時期※における就業意識

「自分の能力や専門性を高め，社会的に認められたい」（男性・女性）

■団塊世代　■ポスト団塊世代　■バブル世代

※団塊世代は1997年調査（47歳〜51歳），ポスト団塊世代は2006年調査（47歳〜55歳），
　バブル世代は2018年調査（48歳〜58歳）のデータをそれぞれ使用
（出所）NRI「生活者1万人アンケート調査」（1997年，2006年，2018年）

［4］バブル世代のブランド志向，高くてもよい価値観
……その根底には「他人からどう見られるか？」

　バブル世代といえば，消費において積極的でパワフルであるといわれる。お金を持っていることがステータスであり，身に着ける服や車，海外旅行ではどこに行ったか等を含めて，他人から見て分かりやすい形で自分自身を主張する風潮があったと見られる。

　例えば，車でいえば「シーマ現象」が象徴的だろう。1988年にデビューした日産自動車「シーマ」は3ナンバーで3リッターV6エンジンを搭載し，最上級グレードでは500万円を超える高級車であったが，当時は富裕層だけでなく20代・30代の若年層までが購入するヒット商品となった。当時は自動車を持つのというよりは，「シーマ」を持つことがバブル世代のステータスであったの

である。

　バブルが崩壊し，20年以上経ったが，バブル世代のこの価値観は今もなお残っている。「無名メーカーの商品より有名メーカーの商品を買う」意識は現在でも団塊世代・ポスト団塊世代より高い（図表3-4）。また，水準は下がるが「名の通ったメーカーであれば多少値段が高くてもよい」という意識もバブル世代が高い。本来は若者に多く見られる価値観であるが，「自分の好きなものは，たとえ高価でもお金を貯めて買う」は，40代後半を過ぎてもバブル世代では高く，今なおバブル世代のブランド志向の強さがうかがえる。

　一方で，「使っている人の評判が気になる」も，団塊世代・ポスト団塊世代より大きい。ブランド志向が高いといわれるバブル世代であるが，ただ単に高くてもよいというわけではなく，自分が使う商品が他人から見て評判の良いものでなければならないと気にする側面も特徴的である。

図表3-4　同年齢時期※における消費価値観

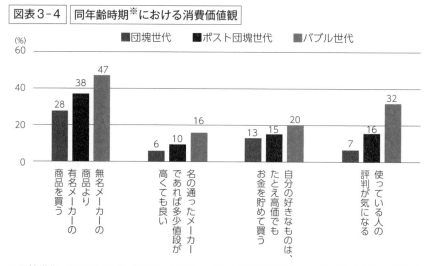

※団塊世代は2000年調査（50歳〜54歳），ポスト団塊世代は2006年調査（47歳〜55歳），バブル世代は2018年調査（48歳〜58歳）のデータをそれぞれ使用
※図表3-1〜図表3-3では，団塊世代は1997年調査で比較していたが，当該調査項目は2000年より聴取開始したため，本図表では2000年データを用いている
（出所）NRI「生活者1万人アンケート調査」（2000年，2006年，2018年）

今でいえば，若いうちから身分不相応と思える高価なブランド品を持っている人も多く，ブランド品は良いものである・安心である，という価値観をバブル世代は確立していた。バブル世代は見栄っ張りともいわれるが，その根底には他人から評価されたい欲求があると見られる。バブル世代に対しては，単にブランドで訴求したり，高級品で訴求したりするのではなく，「他人からどう見られるか？」を意識したマーケティングが重要である。

［5］ いつまでも前向きに美しくありたいバブル世代女性の消費ニーズ

　他人からどう見られるか？　についても，バブル世代ならではの意識変化がNRI「生活者1万人アンケート調査」の結果には表れている。図表3-5は女性における直近1年間で利用したサービスについて「エステティックサロン，美容エステ」と「美容院（1万円以上のカット）」の割合変化を示す。「エステティックサロン，美容エステ」は，コロナ禍前は，団塊ジュニア世代よりも高い水準で推移しており，また，団塊ジュニア世代ではコロナ禍前から減少傾向にあったのに対して，バブル世代では横ばいであった。コロナ禍では，人と接するサービスが故に，生活者全体として「エステティックサロン，美容エステ」の利用が後退していたが，バブル世代の利用推移から見るに，コロナ禍収束後にはすぐに需要は伸びるだろう。また，「美容院（1万円以上のカット）」については，2018年から統計を取り始めた項目であるため過去推移は確認できないが，団塊ジュニア世代では利用が減少しているのに対し，バブル世代では上がっていることからも，高額なカットに対してもお金を払うニーズが確かにうかがえる。このように美容に対する需要の高さは確実であるため，バブル世代女性のニーズを捉えたマーケティングアプローチがより重要になる。

図表3-5 直近1年間の利用サービス（女性）

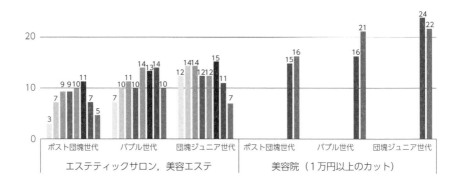

(%) ■2000年 ■2003年 ■2006年 ■2009年 ■2012年 ■2015年 ■2018年 ■2021年

※「美容院（1万円以上のカット）」は2018年より聴取した項目
（出所）NRI「生活者1万人アンケート調査」（2000年，2003年，2006年，2009年，2012年，2015年，2018年，2021年）

　そこで，バブル世代女性の真のニーズを見極め，自社商品ブランドのコミュニケーション戦略を大きく見直し，成功した事例を紹介する。資生堂では2020年1月に50〜70代向け総合美容ブランド「PRIOR（プリオール）」のマーケティング手法を刷新した。プリオールはシニア向け総合ブランドとして2015年に誕生したブランドであり，当時のコンセプトは「大人の七難 すんなり解決 プリオール」であった。体の大きな変化を経て，以前とは違う肌や髪の悩みが多く出てくると同時に，体力も低下し始めるのがこの世代であることから見た目の悩みだけでなく，「見えにくい」や「おっくう」という体の機能や意欲の低下にも対応し，簡単に使える商品展開を実施し，シニア世代から支持されていた。しかし，50代であるバブル世代からの購入が伸びていなかったという。

　当時の日経新聞の記事「資生堂，50代向けの宣伝を刷新「シニアではない」」（2020年2月2日）によると，「改めて今の50代に調査したところ，プリオールが「50代以上向けのブランド」であることは理解しているが，「自分向けでは

ない」と認識していることが分かった。」と記載されており，その理由はパッケージデザインにあると分析されている。当時起用していたタレントは女優の宮本信子さん（1945年生まれ）と原田美枝子さん（1958年生まれ）であったが，バブル世代の女性からすると年上のイメージが強く，プリオールの使用について自分事化できなかったと思われる。記事には「今の50代は自分たちより少し下の年齢を同世代として認識しやすい」と記載されており，その理由から新CMのタレントには常盤貴子さん（1972年生まれ）を起用している。その結果，自然体の美しさがターゲット世代からの好感度も高く，CM評価では「自分向けだと感じる」という指標が最も上昇したという。

　資生堂の事例の成功要因は，ブランド開発段階の想定と実際のニーズの一致・不一致が世代によって異なることを明らかにし，今後ターゲットとなるユーザー層を捉えるためにコミュニケーション戦略を見直したことにある。世代によって意識が異なることを踏まえ，それをマーケティングに生かしていくことが肝要だ。

［6］シェアリング・エコノミーはバブル世代に受け入れられるか？

　シェアリング・エコノミーとは，カーシェアリングや配車サービスなどの「移動」，中古品売買などの「モノ」，民泊サービスやシェアハウスなどの「空間」，クラウドファンディング（インターネット上で投資を募る）などの「お金」，家事代行や育児サポートなどの「スキル」といった遊休資産の活用を目指し，利用者側のニーズと提供者側のリソースをマッチングさせるサービスのことである。

　スマートフォンの普及により，消費者はインターネットに手軽にアクセスするようになった。さらには各種レンタルサービスやメルカリ等の中古フリマアプリなどが提供され利用しやすい環境が整ってきたことで，個々人が持っている遊休資産についての情報交換が進むようになっている。求める人と提供したい人がマッチングされやすくなったことで，シェアリングに向かう消費者の意

識が浸透していった。

　NRI「生活者1万人アンケート調査」では，このシェアリング志向を「レンタルやリースに対する抵抗感」や「中古・リサイクルに対する抵抗感」の設問の回答傾向によって把握している。どちらもシェアリング・エコノミー各種サービスの利用意向との相関性が高いことを確認しており，両項目ともシェアリング・エコノミーが浸透する前から聴取している項目であるため，両項目を追うことで，シェアリング・エコノミーが始まる前から普及するまでの消費者の意識の変化を追うことができる。

　ここでは「レンタルやリースに対する抵抗感」について世代別に時系列変化を表したものを図表3-6に示す。この分析で意外だったのは，バブル世代は「レンタル・リースに抵抗感がない」人が多いことだ。若い人ほどこの価値観が高いのには合点がいくが，バブル世代より若い団塊ジュニア世代やポスト団塊ジュニア世代よりもレンタル・リースに抵抗感がないことが示されている。この価値観も，コロナ禍においては他人と共有することのメリットと，ウイルスへの感染リスクが上がることのトレードオフを踏まえると，コロナ禍において抵抗感が増すのは当然であるが，新し物好きの団塊世代と比べて，バブル世代は何でも自分でモノを持たなければならないという意識は薄く，時にはレンタル・リースでもよいという合理性も持ち合わせていることから，シェアリング・エコノミーへのニーズに対して，復活は十分期待できる。一見してレンタルだと分からない形であれば，他人からよく見られ，他人が評価する商品・サービスの提供はバブル世代のニーズを満たすものになるだろう。

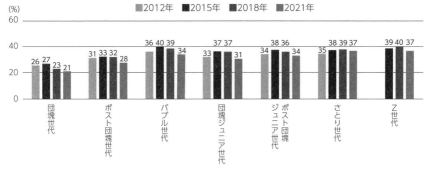

図表3-6　レンタルやリースに抵抗がない人の割合※

※「Ａ：レンタルやリースを使うことに抵抗はない」と「Ｂ：自分の使うものは，なるべく
　買って自分のものにしたい」について，「Ａに近い」，「どちらかといえばＡに近い」，「ど
　ちらかといえばＢに近い」および「Ｂに近い」の４段階で尋ね，「Ａに近い」と「どちら
　かといえばＡに近い」を回答した人の割合を示している
（出所）NRI「生活者１万人アンケート調査」（2012年，2015年，2018年，2021年）

3-2 コロナ禍で変容するバブル世代のインターネット利用と購買動向

［1］ バブル世代は百貨店の救世主となるか

　バブル世代の消費力の強さは，業績が低迷している百貨店にはプラスに働くかもしれない。百貨店の売り上げはバブル崩壊後，右肩下がりで減少し，2003年にそごうと西武百貨店が統合したのを皮切りに，2007年には大丸と松坂屋が，2008年には三越と伊勢丹がそれぞれ統合するなどの業界再編成が進んでいった。また，採算の取れない地方店舗の閉鎖やターゲット顧客の見直し，商品カテゴリーの構成見直し，インバウンド対応など，百貨店各社においてさまざまな経営改善を進めている状況である。

　NRI「生活者1万人アンケート調査」においても，消費者の利用チャネルとして「百貨店・デパート」の利用割合は1997年以降減少が続いていた。しかし，2012年を底に全体では横ばいとなっており，世代別に分解すると唯一バブル世代が2015年・2018年ともに利用割合が少し伸びていることが分かった（図表3－7）。2013年以降のアベノミクスの経済効果により景気が回復した影響もあると考えられるが，もともとブランド志向が高く，百貨店をよく利用していたバブル世代が，景気回復と共に再び百貨店へ回帰する現象がコロナ禍以前には見られていた。

　しかし，コロナ禍においては不要不急の外出自粛の影響を大きく受け，特に小売業界の中でも「百貨店・デパート」の利用は大きく減少したことは図表3－7からも分かる。コロナ禍が収束すれば客足が戻る可能性も期待はできるが，今後，より多様化する購買ニーズを捉え，バブル世代を積極的に百貨店に呼び戻す策として，百貨店DXを推し進めていくことが重要であろう。

　例えば三越伊勢丹では2020年11月にオンライン接客サービス「三越伊勢丹リモートショッピング」を立ち上げ，チャットやビデオ通話機能を利用して店頭

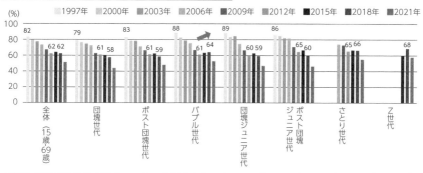

図表3-7 「百貨店・デパート」の利用割合

(出所) NRI「生活者1万人アンケート調査」(1997年, 2000年, 2003年, 2006年, 2009年, 2012年, 2015年, 2018年, 2021年)

の商品を紹介・販売するサービスをはじめている。2021年1月に発表した月次売上速報では，ECの売上が前年比で約2倍伸びていることからも，店舗DXがうまく軌道に乗っていることが示されている。また高島屋においてもライブ動画を配信して商品を販売する「ライブコマース」での物産展開催や高級ブランドの取扱いを増やすなどの施策を行い，ECサイトでの売上が伸びている。こうした背景にはバブル世代におけるインターネット利用が情報収集面・購買行動面の両方において，コロナ禍前後で大きく変容したことが影響している。

［2］情報収集はインターネットもテレビも両方参考にする

大半が50代になっているバブル世代であるが，新しいテクノロジーへの興味・関心も高く，多くの人がスマートフォンを使っている。スマートフォン保有率は2018年時点で8割，2021年時点で9割弱まで進んでおり，平日のインターネット利用時間は1日当たり2時間程度まで伸びている（図表3-8）。その結果として，商品を購入する際に「サイトで流行や売れ筋，専門家のコメントなどを調べる」や「評価サイトやブログなどで利用者の評価について調べる」も伸び続け，バブル世代の前後の世代と比較すると，1つ下の団塊ジュニ

ア世代のちょうど3年前の水準に追いつく形となっている（図表3-9）。

　一方，テレビの視聴時間は全体では減少している中で，バブル世代は若干伸びており（図表3-8），情報収集として「テレビコマーシャルを参考にする」という人は，他の世代と比較して高水準を保っている（図表3-10）。若年層ではインターネットによる情報収集が進むことでテレビ離れも進んでいるが，バブル世代については「情報収集はインターネットも，テレビも」といったところが特徴的である。従来どおり，中高年層に向けたテレビによる情報提供も重視しつつ，インターネットによる情報収集の伸びも無視できないため，バブル世代に対しては両面で訴求していくことが重要である。

図表3-8 インターネット利用時間・テレビの視聴時間（平日）

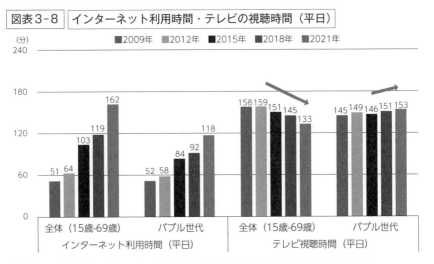

（出所）NRI「生活者1万人アンケート調査」（2009年，2012年，2015年，2018年，2021年）

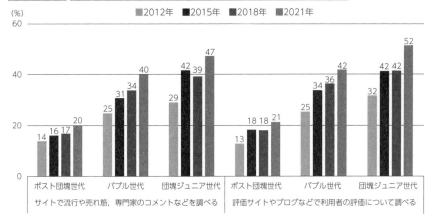

図表3-9 商品を購入する際の情報収集源（インターネット関連）

（％）
■2012年 ■2015年 ■2018年 ■2021年

サイトで流行や売れ筋，専門家のコメントなどを調べる
- ポスト団塊世代：14 16 17 20
- バブル世代：25 31 34 40
- 団塊ジュニア世代：29 42 39 47

評価サイトやブログなどで利用者の評価について調べる
- ポスト団塊世代：13 18 18 21
- バブル世代：25 34 36 42
- 団塊ジュニア世代：32 42 42 52

（出所）NRI「生活者1万人アンケート調査」（2012年，2015年，2018年，2021年）

図表3-10 商品を購入する際の情報収集源（テレビコマーシャル）

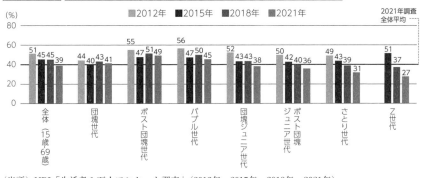

（％）
■2012年 ■2015年 ■2018年 ■2021年
2021年調査全体平均

- 全体（15歳〜69歳）：51 45 45 39
- 団塊世代：44 40 43 41
- ポスト団塊世代：55 47 51 49
- バブル世代：56 47 50 45
- 団塊ジュニア世代：52 43 43 38
- ポスト団塊ジュニア世代：50 42 40 36
- さとり世代：49 43 39 31
- Z世代：51 37 27

（出所）NRI「生活者1万人アンケート調査」（2012年，2015年，2018年，2021年）

［3］購買においてもインターネットショッピングは伸びている

　バブル世代の購買行動に話を戻したい。百貨店のECサイト売上が伸びていたが，その背景にバブル世代のインターネットショッピング利用が伸びていることが図表3-11に示される。インターネットショッピングの利用割合は，2015年調査ではさとり世代において，2018年調査ではポスト団塊ジュニア世代など比較的若年層において，コロナ禍前に大きく伸長する時期があったが直近ではやや伸び悩んでいる。

　一方，コロナ禍においてインターネット利用が大きく進んだのは中高年層である。図表3-11を見てもちょうど中高年層にあたるバブル世代や団塊ジュニア世代のインターネット利用は頭打ちにはなっておらず，大きく伸びていることが分かる。バブル世代に対しては，依然としてリアル店舗における接客も重要であることは否定できないが，バブル世代においても生活面のデジタル化が進んでいることを踏まえると，百貨店業界としてもデジタルシフトを推し進めていくことは避けられず，今後は百貨店DXの推進とともに，コロナ禍収束を見据えてECチャネルとリアル店舗チャネルの連携をシームレスにつなげていく施策の検討が求められるだろう。

　また，バブル世代のインターネット利用浸透を受けて今後利用が伸びると想定されるのが生鮮食品のD2C（Direct to Consumer）サービスである。コロナ禍において，規模はまだ小さいながらも生産者が消費者にダイレクトに新鮮な食材を提供するD2Cサービスが伸びており，このサービスコンセプトはバブル世代が求める品質や見栄えのニーズにマッチするものと想定される。

　株式会社雨風太陽では全国の農家や漁師などの生産者と消費者を直接繋ぐアプリ「ポケットマルシェ」のサイトを通し，生産者から直接購入することができるサービスを展開している。コロナ禍では在宅時間が伸びたことなどからこだわり志向が増しており，外出できない代わりにたまには手の込んだ料理を作ろう，料理を作る過程から楽しもうというトレンドが高まっていた。例えばポケットマルシェを通じて大きな魚を産地直送で購入し，インターネットで魚の

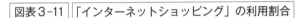

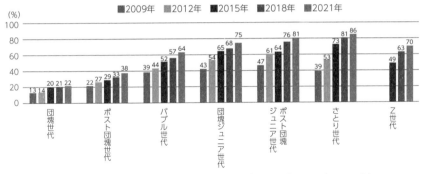

図表3-11　「インターネットショッピング」の利用割合

■2009年　■2012年　■2015年　■2018年　■2021年

（出所）NRI「生活者1万人アンケート調査」（2009年，2012年，2015年，2018年，2021年）

さばき方を見ながら，その料理の過程を楽しむというのもそうしたトレンドの1つである。D2Cサービスならではの，普段大手スーパーには置かれていない食材や地方の名産品を直接手に入れることができることもまた魅力の1つである。さらに，生産者からの手紙が入っていたり，おまけの一品が入っていたりするサプライズ演出や特別感の醸成も，D2Cサービスならではの取り組みである。

　D2Cサービスはインターネットによる交流が前提となるため，リアルでの接客コミュニケーションを重視するバブル世代には一見不向きとも考えられるが，大手スーパーに置かれていないプレミアムな食材を振る舞える機会が得られることや，場合によっては生産者の方から特別扱いされることの良さは，リアルでの接客以上にメリットを感じてもらえる可能性がある。まだ，生鮮食品のD2Cサービスは世に知られていないため，まずは生鮮食品のD2Cサービスの認知を浸透させていくことが必要である。バブル世代のインターネット利用は伸びているもののまだ伸長過程にあるため，テレビコマーシャルなど従来型マスメディアを活用したアプローチが重要となる。

3-3 バブル世代のつながり志向の変容を捉えたコミュニケーション戦略の重要性

［1］つながり志向は「会社関係」から「趣味・習い事」や「学生時代の友人」へ変容

　人からどう見られるかを意識するだけあって，他の人との付き合いを大事にするのもバブル世代の特徴である。現在50代で現役時代の後半の時期を送るバブル世代は，「会社・仕事を通じて知り合った人」とプライベートでも週1回以上付き合う割合が高くなっている。

　一方で，そろそろ定年を控えた年齢でもあり，役職定年等により生活に時間的な余裕も生まれ始めてきたのか，2018年調査では「趣味や習い事などを通じて知り合った友人」との付き合いをする人の割合が上昇の兆しを見せており，2021年調査では「学生時代や子どものころに知り合った友人」との付き合いが上昇している（図表3-12）。コロナ禍のため，「趣味や習い事などを通じて知り合った友人」との付き合いについては2021年調査でやや減少したものの，団塊世代・ポスト団塊世代において，定年後に「趣味や習い事などを通じて知り合った友人」との付き合いが格段に伸びていたデータ（図表2-6）から見ても，バブル世代において今後会社や仕事以外の人間関係が広がることが推察される。

　また，コロナ禍においてデジタル活用が進んだことを背景に，Zoomなどオンラインコミュニケーションで会話できるツールを使って，久しぶりに連絡の取れた「学生時代や子どものころに知り合った友人」と会話できることを踏まえると，中高年層において「学生時代や子どものころに知り合った友人」との付き合いが増えたことは合点がいく。「学生時代や子どものころに知り合った友人」との付き合いが増えたのは団塊世代やポスト団塊世代でも該当する。

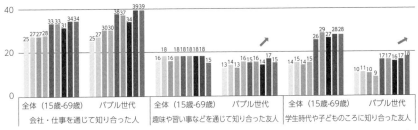

「会社・仕事を通じて知り合った人」「趣味や習い事などを通じて知り合った友人」
「学生時代や子どものころに知り合った友人」

（出所）NRI「生活者1万人アンケート調査」（1997年，2000年，2003年，2006年，2009年，2012年，2015年，2018年，2021年）

　積極的にお金をかけたい費目として「人との付き合い・交際費」はどうだろうか。団塊世代・ポスト団塊世代と同様に，バブル世代においても2015年に大きく伸び，2018年も続伸していた（図表3-13）。2021年調査ではコロナ禍のため「人との付き合い・交際費」へお金を掛ける意向は大きく減少することになったが，図表3-12に示されるとおり，他人との付き合いの程度はそれほど減少していないことから，やはりコロナ禍が収束した場合には「人との付き合い・交際費」へお金を掛ける意向は戻るものと想定される。バブル世代においては，現在は会社関係の仲間とのつながりがメインであるが，今後定年を超えるにつれて趣味・習い事を通じた仲間，学生時代の友人などとの「つながり志向」が消費のキーワードとなるだろう。

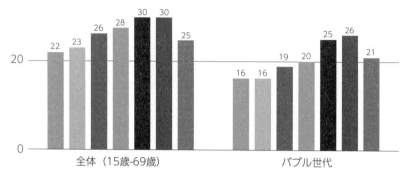

図表3-13 | 積極的にお金をかけたい費目「人とのつきあい・交際費」

(%) ■2003年 ■2006年 ■2009年 ■2012年 ■2015年 ■2018年 ■2021年

全体（15歳-69歳）
22 23 26 28 30 30 25

バブル世代
16 16 19 20 25 26 21

（出所）NRI「生活者1万人アンケート調査」（2000年，2003年，2006年，2009年，2012年，2015年，
2018年，2021年）

［2］現在のバブル世代の「つながり志向」は
「共通の趣味友達」がカギ

前項のデータを見てきたとおり，現在のバブル世代は社会人現役時代の最後の生活を送り，人によっては時間にゆとりも生まれ，会社や仕事関係の付き合いから，共通の趣味等でつながった人との付き合いが始まるころである。バブル世代は，人からどう見られるかを意識する傾向があり，人との付き合いを大事にする中で支出も促される可能性がある。共通の趣味友達とうまく出会えるネットワーク作りの支援が肝要だ。

アナログ対応の多い団塊世代やポスト団塊世代のネットワーク作りのきっかけは折り込みちらしであったり，街角の掲示板であったりするが，バブル世代ではスマートフォン保有率は9割に迫っており，SNSを活用する人は増えてきている。地域に閉じた人間関係を築くだけではなく，SNS等の活用により，より広い人間関係を築く可能性はある。

ただし，バブル世代におけるツイッターやフェイスブック等のSNS利用は自

ら情報発信するのではなく，閲覧のみという人が多い。SNSは情報収集・共通の趣味友達作りのきっかけとしてとらえ，リアルなつながりにつなげていく工夫が必要である。

つながり消費においては，特にバブル世代女性の消費力が上がってくることが予想される。図表3-14は「1カ月当たりに自由に使えるお金」の変化を示したものである。団塊世代や団塊ジュニアでも同様の傾向はあったのだが，景気動向に左右されるものの通常定年に近づいてくる頃から自由に使えるお金は増える傾向にある。そして男性よりも女性の方が自由に使えるお金が少なかった分，定年に向けて大きく増加する傾向が見られていた。バブル世代においては，特に女性について景気が回復し始めた2012年以降から大きく伸び始め，男性と比べるとまだ自由に使えるお金が伸びる可能性がある。バブル世代の品質や見栄えのニーズを踏まえると，特に女性においては友人とのつながりという目的で良いものを求めようとする購買力の高さに期待が持てるため，今後はバブル世代女性をターゲットとしたマーケティングがより重要になるものと想定される。

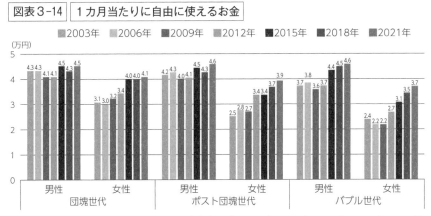

図表3-14 1カ月当たりに自由に使えるお金

（出所）NRI「生活者1万人アンケート調査」（2003年，2006年，2009年，2012年，2015年，2018年，2021年）

［3］ 今後シニア層になるバブル世代の「つながり志向」は「孫」がカギ

　また，現在50代や60代に入ったバブル世代は，子どもがさとり世代や（社会人になった）Z世代に該当するため，すでに孫がいる人もいるだろう。シニア予備軍であるバブル世代には「孫消費」が重要なキーワードになる。

　長年，出生率低下が問題になっているとおり，子どもの数は減っている。団塊ジュニア世代やポスト団塊ジュニア世代の頃は子どもの数が多かったため，兄弟はもちろん，いとこの数も多く，そのためお年玉の金額は数千円ほどであった家庭も多かった。しかし，現在は若年層の人口減少に加え，結婚しない人も増え，結婚しても子供を作らない選択を取る人も増えており，子どもの数は圧倒的に減っている。夫側の両親，妻側の両親含め孫が1人しかいない状況を生じており，昔よりも相対的に孫の価値が上がる（孫が大事にされる）世の中になっている。お年玉の金額も小学生低学年から1万円をもらえたり，祖父母の家に訪れる度にいろんなものを買ってもらいやすくなっている。

　このような状況は，親世帯と子世帯の住む場所の関係が変わってきたことも物語っている。世帯形成した子の，親との居住関係の時系列推移を図表3-15に示す。この20年間の長期トレンドとしては，少子化が進み，1つの子世帯が，夫側・妻側両方の親世帯の面倒を見（あるいは面倒を見られ）る割合が増えたこと，ボリュームゾーンである団塊世代が集団就職により大都市に出て「ニューファミリー」として世帯形成し，親世帯の住む家が集合住宅などの同居に向かない住居形態である割合が増えたこと，子世帯のボリュームゾーンであった団塊ジュニアが，自分の部屋・自分の空間を与えられながら育った個人主義の強い世代であること，などを背景に，同居割合が減少していた。親との同居割合は団塊ジュニア世代からバブル世代が子世帯としてのボリュームゾーンを構成していた頃の1997年の35％から大きく下落し，2021年には19％となった。代わりに増えたのが，「徒歩圏内」，「交通機関を使って1時間以内」で行き来できる「近居・隣居」である。

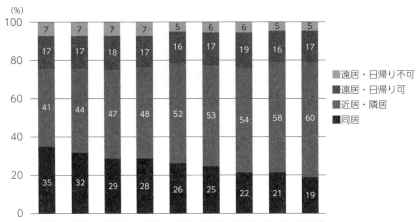

図表3-15 親との住まいとの関係の推移

(%)

	1997年	2000年	2003年	2006年	2009年	2012年	2015年	2018年	2021年
遠居・日帰り不可	7	7	7	7	5	6	6	5	5
遠居・日帰り可	17	17	18	17	16	17	19	16	17
近居・隣居	41	44	47	48	52	53	54	58	60
同居	35	32	29	28	26	25	22	21	19

※69歳までの有配偶者で分析している
※近居・隣居：交通手段を使って片道1時間以内のところに自分または配偶者の親が住んでいる世帯を示す
（出所）NRI「生活者1万人アンケート調査」（1997年，2000年，2003年，2006年，2009年，2012年，2015年，2018年）

　NRIでは，親世帯と子世帯が片道1時間以内ぐらいで行き来できる距離に住む形態を取っている家族を，日常的に緩やかにつながりながら経済的・精神的にも支え合うような関係性であることから，「インビジブル・ファミリー（見えざる家族)」と呼んでいる。過去四半世紀に及ぶ経年調査では，この「インビジブル・ファミリー」は増加を続けている。

　「インビジブル・ファミリー」は一見，別世帯であるが，消費活動は共同で行うことも多い。孫のために祖父母がランドセルを買うといった消費は想像しやすいと思う。親世帯と子世帯で一緒に外食やレジャーに行くことを考えて多人数乗りのミニバンやSUVを購入する，遊びにくる孫のためにゲーム機を祖父母の家に用意しておくなども親世帯・子世帯間の共同消費の例である。

　この共同消費の金額は馬鹿にできない。先ほどランドセルの例を挙げたが，ランドセルの単価は年々上昇している。単価上昇の背景にはA4フラットファ

イル対応のため容量が大きくなったこと，傷がつきにくい丈夫な素材を採用したこと，色やデザインのバリエーションが増えたことなどが挙げられるが，（利用者ではなく）購入者像として祖父母が孫にランドセルをプレゼントすることが増えたことにある。昨今でも複雑な刺繍などデザインに凝った10万円以上するランドセルが飛ぶように売れている状況である。そして今後，バブル世代がシニア層になることで，その傾向が強くなると想定される。人からの評価やブランド志向が高いバブル層は，良いものを孫に与えよう，という気持ちが強く，これまで以上に「孫消費」の単価が上がることが想定され，シニア消費の重要性が高まるだろう。

　孫へのランドセルやプレゼントといったモノだけでなく，旅行や外食といったコトも含め，こうした「孫消費」ニーズの傾向は世帯単独で見るだけでは捉えることはできない。マーケティングには世帯間の緩やかなつながりを意識したターゲット像の見直しやニーズの再整理が求められる。特にシニア予備軍となるバブル世代に向けては，子どものため・孫のために何をしてあげられるか（何を買ってあげられるか）をうまく理由付けし，後押しすることで，今後の消費はさらに活性化されるだろう。

第4章

バブル期と就職氷河期を経験した団塊ジュニア世代・ポスト団塊ジュニア世代

団塊ジュニア世代・ポスト団塊ジュニア
世代の特徴

［1］就職氷河期の影響を受けた不運な世代

　一般的には1971年～1974年の第二次ベビーブームに生まれた世代を団塊ジュニア世代，それ以降をポスト団塊ジュニア世代と呼ぶことが多いが，本書では価値観ギャップの大きい年齢区分が世代の隔たりであると解釈し，1971年～1975年生まれを団塊ジュニア世代，1976年～1982年生まれをポスト団塊ジュニア世代と定義している。

　団塊ジュニア世代は，第二次ベビーブームといわれるほどに，毎年200万人以上生まれた世代であり，それに続くポスト団塊ジュニア世代も人口の塊として大きく，団塊世代と同様に厳しい競争環境の中で育った世代である（図表4－1）。それどころか，団塊世代の育った時代と比べ，大学進学率の向上や都市部への人口集中が進んでいることを加味すると，団塊世代よりも受験競争はより激しかったものと思われる。

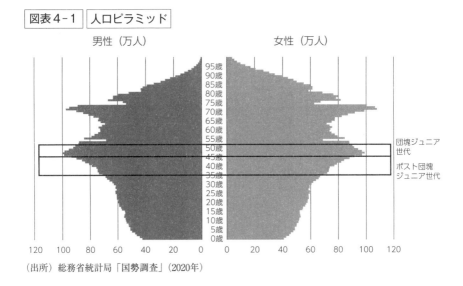

図表4-1 人口ピラミッド

男性（万人）　　　　　　女性（万人）

団塊ジュニア
世代

ポスト団塊
ジュニア世代

95歳
90歳
85歳
80歳
75歳
70歳
65歳
60歳
55歳
50歳
45歳
40歳
35歳
30歳
25歳
20歳
15歳
10歳
5歳
0歳

120 100 80 60 40 20　0　20 40 60 80 100 120

（出所）総務省統計局「国勢調査」（2020年）

　団塊ジュニア世代は厳しい受験を乗り越えたにもかかわらず，就職時期と重なる1991年からバブル崩壊が起こり，その後就職氷河期が到来した「不運の世代」とも呼ばれている。またポスト団塊ジュニア世代は，団塊ジュニア世代よりは人口が少なく受験競争は緩和されていたが，就職については有効求人倍率が最も低い1999年前後の超就職氷河期を過ごしている。

　バブル期の恩恵とバブル崩壊の受難を受けた時期や同世代人口の規模感が異なる団塊ジュニア世代とポスト団塊ジュニア世代は，価値観が似ている部分と異なる部分があることが，本世代分析の結果から明らかになっている。2021年調査時点では団塊ジュニア世代は46歳〜50歳，ポスト団塊ジュニア世代は39歳〜45歳である。NRI「生活者1万人アンケート調査」を開始した1997年当時，団塊ジュニア世代は20代，またポスト団塊ジュニア世代は10代であった。この世代の若かりし時代からの価値観・行動変化を見ていきたい。

［2］就職氷河期の受難を乗り越えようとする団塊ジュニア世代・ポスト団塊ジュニア世代

　厳しい就職氷河期のために，旧帝国大学系の国立大学や難関私立大学の卒業者にさえ就職活動の結果が不本意であった人も多くいた。フリーターや派遣労働者といった非正規雇用の道を選ばざるを得なかった人もおり，就職できても自分のやりたいことが実現できた人は限定的であったと思われる。

　そのような背景から，就業意識において「例え収入が少なくなっても，やりたい仕事をしたい」という意識は団塊ジュニア世代・ポスト団塊ジュニア世代では特に高く（図表4-2），そして「より良い生活のためなら，今の生活を変える」意識は高かった（図表4-3）。

　また，ポスト団塊ジュニア世代では，超就職氷河期を経験したためか，自身の安定を早く求めて，20代前半まで（1997年調査および2000年調査）は「役職や肩書きが欲しい」という傾向が特に強かった点も特徴的である（図表4-3）。しかし，企業の倒産やリストラを目の当たりにし，肩書きだけでは自分の身は守れないことを自覚したためか，肩書き志向はその後，減少している。

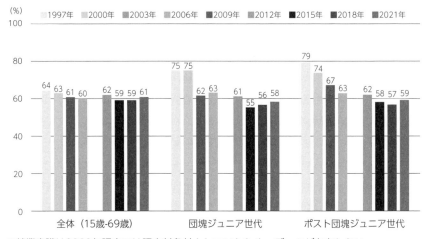

図表4-2　就業意識「例え収入が少なくなっても，やりたい仕事をしたい」

※就業意識は2009年調査では調査対象外としていたため，データが存在しない
（出所）NRI「生活者1万人アンケート調査」（1997年，2000年，2003年，2006年，2012年，2015年，2018年，2021年）

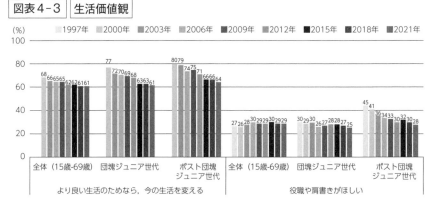

図表4-3　生活価値観

※「より良い生活のためなら，今の生活を変える」は2000年より聴取した項目
（出所）NRI「生活者1万人アンケート調査」（1997年，2000年，2003年，2006年，2009年，2012年，2015年，2018年，2021年）

［3］ 学歴志向への回帰，自分の子どもへの教育にはお金をかける

　就職活動が厳しかった団塊ジュニア世代・ポスト団塊ジュニア世代は，「有名な大学や学校に通った方が，有利になる」という学歴志向を支持する割合は20代の頃は低い傾向にあった（**図表4-4**）。しかし，長く続く不況の中で，1つでもチャンスを勝ち取るためには学歴も重要な要素であると認識され，学歴志向は強まっている。30代を過ぎて自分が親になると，「子どもの教育のためにはお金を惜しまない」意識が高まっており（**図表4-4**），積極的にお金をかけたい費目においても「（子どもの）教育・学習関連」はこの世代で大きく伸びていた（**図表4-5**）。出生数が減り，1人っ子の家庭が増えたことも，1人の子どもにお金をかける意識につながっているものと見られる。ただし，団塊ジュニア世代は，2021年調査時点で50代に差し掛かるタイミングであり，自身の子どもに該当するＺ世代が概ね大学生であるか大学を卒業した年代であるため，「（子どもの）教育・学習関連」への支出意向は大きく減少している。ポスト団塊ジュニア世代では，この数値はまだ高位水準を保っているが，子どもの進学に手がかからなくなる時期には，減少していくものと想定される。

図表4-4　生活価値観

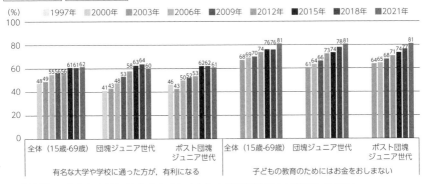

※「子どもの教育のためにはお金をおしまない」は2003年より聴取した項目
（出所）NRI「生活者1万人アンケート調査」（2000年，2003年，2006年，2009年，2012年，2015年，2018年，2021年）

図表4-5 積極的にお金をかけたい費目「(子どもの)教育・学習関連)」

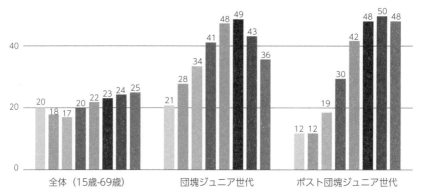

(出所) NRI「生活者1万人アンケート調査」(2000年，2003年，2006年，2009年，2012年，2015年，2018年，2021年)

[4] 他人より，自分を大事にしてきた団塊ジュニア世代・ポスト団塊ジュニア世代

　団塊ジュニア世代・ポスト団塊ジュニア世代は，個人主義・マイペース主義ともいわれる。それは競争環境での疲弊により他人と競うことや関わることを避ける気持ちであったり，就職氷河期によって自分のやりたいことができなかった反動から自分らしく生きることを重視する気持ちの表れであると考えられる。また，子どものときから自分だけの部屋を与えられて一人で過ごす時間も長かったことも，個人主義・マイペース主義につながっていると見られる。

　生活価値観として「自分の考えを主張するより，他の人との和を尊重したい」意識は，団塊ジュニア世代・ポスト団塊ジュニア世代ともに20代（1997年調査〜2003年調査）の頃は低かった（図表4-6）。また，そのような意識のためか，「近所にとけこめないと感じることがある」は20代の頃には高い。それが年齢の上昇とともに，このような他人と距離を置こうとする価値観は緩和さ

れている。もともとは個人主義・マイペース主義といわれてきたことから，他人とは緩やかな「つながり」を求めつつも，根底には「一人」で過ごす気持ちが強いと推察される。この世代に対しては「一人志向」が消費のキーワードとなるだろう。

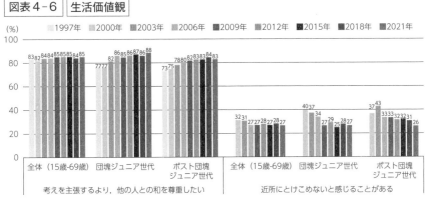

図表4-6　生活価値観

（出所）NRI「生活者1万人アンケート調査」（1997年，2000年，2003年，2006年，2009年，2012年，2015年，2018年，2021年）

［5］ライフスタイルへのこだわりが一層強まった ポスト団塊ジュニア世代

　本書の世代分析では，消費価値観や生活価値観等が世代によって特徴が異なるという仮説の元で，消費価値観や生活価値観を1歳刻みで分析し，どこに価値観ギャップがあるかを判別し，世代を定義している。ただし，この分析においては，2021年調査はコロナ禍真っ只中であったことから，価値観にも大きな影響を及ぼしていることを加味し，コロナ禍前の調査である2018年調査で実施した。

　団塊ジュニア世代とポスト団塊ジュニア世代を区分することにした価値観として，例えば「自分のライフスタイルにこだわって商品を選ぶ」がある。1歳

刻みであるので，1歳ごとのサンプルが少なく，統計誤差もある程度含まれているためにばらつきはあるが，それでも全体平均を基準に取ると，2018年調査時点で42歳以下と43歳以上で価値観にギャップが見られることが分かるだろう（図表4-7）。したがって，この分析から2018年調査時点で43歳〜47歳を団塊ジュニア世代，36歳〜42歳をポスト団塊ジュニア世代と定義することにした。団塊ジュニア世代と比べて，ポスト団塊ジュニア世代は，個人主義・マイペース主義に加え，「こだわり主義」も持ち合わせている。

| 図表4-7 | 消費価値観「自分のライフスタイルにこだわって商品を選ぶ」1歳刻み分析 |

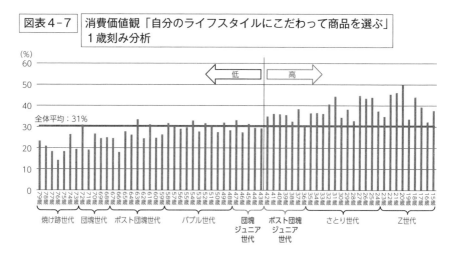

（出所）NRI「生活者1万人アンケート調査」（2018年）

　こだわり主義の価値観に関連すると見られるのが，安室奈美恵や浜崎あゆみなどの当時の若者のカリスマ的存在であった歌手や芸能人の存在であろう。安室奈美恵は2018年調査時点で41歳であり，ポスト団塊ジュニア世代の中でも年上の先輩に位置する。

　ポスト団塊ジュニアの女性には，茶髪のロングヘアー・細眉・厚底ブーツといった安室奈美恵の独特なファッションスタイルに憧れ，真似する人たちが多く発生し，「アムラー」と呼ばれる一種の社会現象までになった。それ以前の

歌手にはない，彼女自身のライフスタイルを貫く姿勢は，当時の若者にとって新鮮であり，画一的ではなく「こだわり」を持つことに価値を見出すことにつながっている。ポスト団塊ジュニア世代には，このような自分らしさやこだわりにつながる「プレミアム消費」がマーケティングのキーワードになるだろう。

［6］伝統的価値観に違和感を持ち，親の離婚は仕方がないと考える

　団塊ジュニア世代と聞くと，団塊世代の子どもに相当すると考える人も多いが，実はそうでもない。団塊ジュニア世代と団塊世代は25歳前後歳が離れているが，厚生労働省の人口動態統計によると，団塊ジュニア世代を産んだ母親の年齢の7割は25歳以上であり，団塊ジュニア世代は団塊世代より上の世代（「焼け跡世代」や「キネマ世代（映画を意味するCinema）」と呼ばれる）を親に持つ人も多い。

　団塊世代も伝統的価値観は強かったが，それより上の世代だとなお強い伝統的価値観を持つ親を見て育ったことだろう。「男は仕事，女は家庭」，「妻は夫に従うもの」，「子は親に従うべし」，そのような親の価値観に違和感を持って育った人も多いのではないか。実は「親が離婚するのは親の自由である」と考える団塊ジュニア世代は多い（図表4-8）。団塊世代やそれより上の世代である親夫婦の生活を見てきて，もし長年の夫婦生活に不満を持ち続けていた女性がいるとすれば，熟年離婚も仕方がないと考えるような自由な家族観をもっているものと見られる。

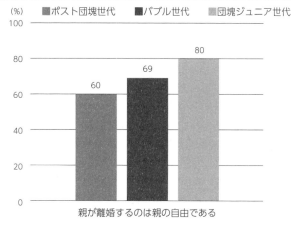

図表4-8 同年齢時期※における家族観「親が離婚するのは親の自由である」

※ポスト団塊世代は2000年調査（41歳〜49歳），バブル世代は2012年調査（42歳〜52歳），団塊ジュニア世代は2018年調査（43歳〜47歳）のデータをそれぞれ使用
（出所）NRI「生活者1万人アンケート調査」（2000年，2012年，2018年）

［7］子ども時代に誕生したさまざまな娯楽・流行を楽しんだ器用な世代

　団塊ジュニア世代・ポスト団塊ジュニア世代が育った文化について触れておきたい。就職氷河期によって社会人生活は受難に見舞われることになったが，10代までの子ども時代は安定成長期であり，娯楽に関するさまざまなサービスが誕生し，それらを楽しむことで団塊ジュニア世代・ポスト団塊ジュニア世代のライフスタイルが形成された面がある。

　例えば1983年に任天堂より「ファミコン」が発売された頃は，団塊ジュニア世代は小学校の中高学年に相当し，その後，テレビゲームにはまった人も多い。趣味として「テレビ，パソコン，携帯などのゲーム」と回答する団塊ジュニア世代・ポスト団塊ジュニア世代は多い。社会人になってからは一度減少したものの，2006年頃からはガラケーでの携帯ゲーム，2012年頃からはスマホゲームの普及拡大に伴い，団塊ジュニア世代・ポスト団塊ジュニア世代のゲームを趣

味とする割合は伸長している（図表4-9）。

　例えば，電車の中ではLINEが提供している「LINE：ディズニー ツムツム」などのゲームに興じる中年サラリーマンが多く，子ども時代にファミコンに慣れ親しんだこの世代には，ルールがシンプルですきま時間に手軽に遊べるゲームがヒットしている。

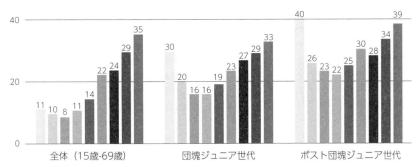

図表4-9　趣味・余暇活動「テレビ，パソコン，携帯等のゲーム」

（出所）NRI「生活者1万人アンケート調査」（1997年，2000年，2003年，2006年，2009年，2012年，2015年，2018年，2021年）

　また，子ども時代の娯楽はゲームだけではない。漫画では「少年ジャンプ」の売上が格段に伸び，「キャプテン翼」「北斗の拳」「ドラゴンボール」「SLAM DUNK」等の漫画が大流行した。当時は，これらの漫画がアニメとしてテレビでしかもゴールデンタイムに放映されていた。多くの子どもが，その時々のアニメの影響を受けた。

　学校においても「北斗の拳」や「ドラゴンボール」のまねごとをする男の子は多く，「SLAM DUNK」が流行った頃はバスケ熱も非常に高かった。さらには，1993年にサッカーのJリーグが発足すると，たちまちサッカー熱に切り替

わるなど，移り変わる流行に左右されつつも，その時々の流行を楽しむ器用さ
を持ち合わせている世代である。

［8］団塊ジュニア世代といえば，「コンビニ」

「セブン-イレブン」の第1号店は1974年に開業し，団塊ジュニア世代の誕生
とほぼ同時期である。その後，コンビニの拡大とともに，団塊ジュニア世代も
成長し，中高生になる頃にはコンビニは身近な存在であった。若者がコンビニ
の前でたむろする姿も当時よく見る光景であり，その若者とは，まさに団塊
ジュニア世代・ポスト団塊ジュニア世代の人たちであった。

NRI「生活者1万人アンケート調査」のデータでも「コンビニエンスストア」
の1カ月当たり利用頻度はこの世代で高く，利用頻度はいったん減少したもの
の，近年では再び利用が増えている（**図表4-10**）。近年ではコンビニでも夕
食のおかずとなるお惣菜の品揃えが充実している。共働き世帯の多い団塊ジュ
ニア世代・ポスト団塊ジュニア世代にとって，夕食準備の時短という「利便性
消費」志向にマッチしていることが，コンビニ利用の回復につながっているも
のと推察される。2021年調査ではコロナ禍においてスーパーでのまとめ買い傾
向が強まったことやテレワーク浸透に伴いオフィス街人口が減少したことから，
コンビニの利用頻度は大きく減少することになったが，コンビニの提供する利
便性価値の観点からも，団塊ジュニア・ポスト団塊ジュニア世代のコンビニ利
用はコロナ禍の収束に伴い大きく回復するものと想定される。

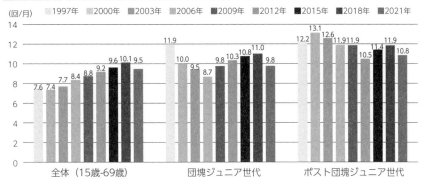

| 図表4-10 | コンビニエンスストア利用頻度（回/月） |

(回/月) ■1997年 ■2000年 ■2003年 ■2006年 ■2009年 ■2012年 ■2015年 ■2018年 ■2021年

全体（15歳-69歳）　　　団塊ジュニア世代　　　ポスト団塊ジュニア世代

（出所）NRI「生活者1万人アンケート調査」（1997年，2000年，2003年，2006年，2009年，2012年，2015年，2018年，2021年）

［9］情報収集は「デジタル情報志向」へ

　団塊ジュニア世代・ポスト団塊ジュニア世代は移り変わる流行をうまく取り入れて楽しんでいたが，情報活用においてもバブル世代以前の人たちよりうまく使いこなしている。スマートフォンの保有率は2015年調査時点ですでに8割前後まで達し，2018年調査では9割に達している（2021年調査でも漸増している）。その結果，インターネット利用時間は2015年調査で大きく伸び，その反面としてテレビ視聴時間は減少傾向にある（図表4-11）。

　商品に関する情報収集についても，自然とインターネットへ移行している。「サイトで流行や売れ筋，専門家のコメントなどを調べる」および「評価サイトやブログなどで利用者の評価について調べる」は増加しており（図表4-12），「テレビのコマーシャルを参考にする」は減少している（図表4-13）。また，特にポスト団塊ジュニア世代では「折り込みちらしを参考にする」も減少が続いており，インターネットでの情報収集が大きく進んでいることが分かる。さらに2021年調査では，在宅時間が長くなったことから，全体傾向としてもインターネット利用時間が大きく伸びているが，団塊ジュニア世代・ポスト

団塊ジュニア世代でも大きく伸びており，インターネットによる情報収集がさらに進んでいる。この世代に対しては「デジタル情報志向」への訴求がアプローチのキーワードとなるだろう。

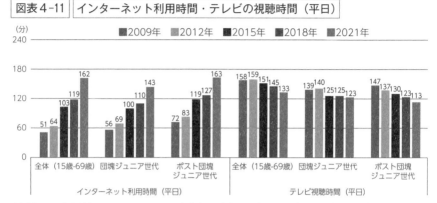

図表4-11 インターネット利用時間・テレビの視聴時間（平日）

（出所）NRI「生活者1万人アンケート調査」（2009年，2012年，2015年，2018年，2021年）

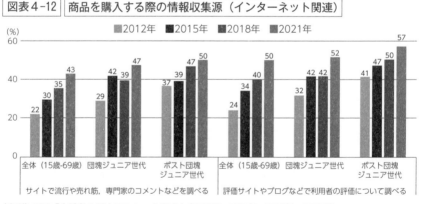

図表4-12 商品を購入する際の情報収集源（インターネット関連）

（出所）NRI「生活者1万人アンケート調査」（2012年，2015年，2018年，2021年）

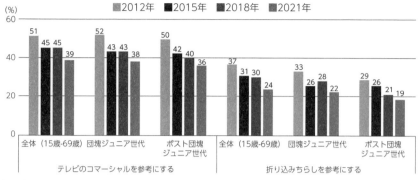

図表4-13 商品を購入する際の情報収集源（テレビ，折り込みちらし）

■2012年 ■2015年 ■2018年 ■2021年

テレビのコマーシャルを参考にする

	2012年	2015年	2018年	2021年
全体（15歳-69歳）	51	45	45	39
団塊ジュニア世代	52	43	43	38
ポスト団塊ジュニア世代	50	42	40	36

折り込みちらしを参考にする

	2012年	2015年	2018年	2021年
全体（15歳-69歳）	37	31	30	24
団塊ジュニア世代	33	26	28	22
ポスト団塊ジュニア世代	29	26	21	19

（出所）NRI「生活者1万人アンケート調査」（2012年，2015年，2018年，2021年）

[1]「日本の人口は減少しているのに，世帯数は増加している」

　この一見矛盾とも思える奇妙な現象は，事実である。そしてこの現象は，今の日本で加速している。

　国立社会保障・人口問題研究所の「日本の世帯数の将来推計（全国推計）」によると，2010年の総世帯数は5,184万世帯だったのが，2015年では5,333万世帯になった。そして2018年時点で同研究所が実施した将来予測では，2020年では5,411万世帯に増える見込みであった。

　しかし，2020年に実施された国勢調査の結果では総世帯数は5,572万世帯となり，予測値を大きく超えた。世帯数が大きく増加したのは，特に「単身世帯」が増えていることが影響している。

　単身世帯は国勢調査の5年おきの調査年ごとに150万〜200万前後のペースで増加し続けてきた。同研究所の2018年時点予測では，単身世帯は2030年頃までにさらに増加する見込みとなっており，2040年頃には単身世帯割合は4割程度までいくと推計されていた（図表4-14）が，足元の2020年実績値においてすでに38％になっていることを踏まえると，いかに日本の単身世帯が増えてきているかが分かるだろう。

　単身世帯の増加には，男女とも平均寿命が増加し，夫婦どちらかが死別したことによる高齢単身世帯の増加も多分に含まれるが，晩婚化・非婚化も単身世帯増加の大きな要因である。

　生涯未婚率は，50歳人口における未婚人口の比率で定義されることが多い。50歳を過ぎても結婚する人はもちろんいるのだが，件数が少ないために実質的に生涯未婚であると考えられている。図表4-15は45〜49歳と50〜54歳の未婚人口比率の平均値を表している。生涯未婚率は先に男性から，バブル期であっ

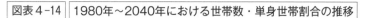

| 図表4-14 | 1980年～2040年における世帯数・単身世帯割合の推移 |

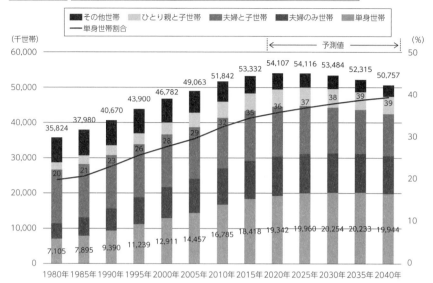

（出所）国立社会保障・人口問題研究所「日本の世帯数の将来推計（全国推計）」（2018年推計）

た1990年前後より上昇しはじめ，女性の生涯未婚率は1995年から徐々に上昇してきた。男性は2000年の段階で10％を超えているが，女性はそれから10年後の2010年で生涯未婚率が10％を超えている。

　2010年頃から女性の生涯未婚率の増加傾向の傾斜が男性並みになっているのは，女性の社会進出の拡大が影響しているだろう。1986年に男女雇用機会均等法が施行されてから，2010年では25年弱が経過している。2010年で50歳前後の女性はバブル世代に相当するが，1986年当時は25歳前後であり，ちょうど大学・大学院を卒業した頃である。仕事において女性の活躍する場が増え，結婚して家庭に入る以外の選択肢ができたことから，自然と晩婚化・非婚化の流れにつながっていった。

　なお，図表4-15において国立社会保障・人口問題研究所の「人口統計資料集」では2015年のデータまでしかなかったが，筆者にて2020年の「国勢調査」結果から2020年における生涯未婚率の数値を算出している。算出においては

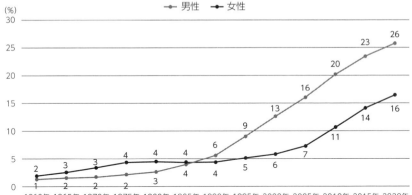

図表4-15　生涯未婚率の推移

※2020年の数値は「国勢調査」結果よりNRIにて集計
（出所）国立社会保障・人口問題研究所「人口統計資料集」および総務省統計局「国勢調査」（2020年）

「配偶関係不詳」および「年齢不詳」のデータを総数から除いたもので集計している。結果として2020年も生涯未婚率は男性26％，女性16％と過去最高値を更新することになった。2020年では団塊ジュニア世代が生涯未婚率算出の範囲内に入ってくるため，いかに団塊ジュニア世代において未婚者が多いことが影響しているかが分かるだろう。グラフの推移から，やや生涯未婚率の伸びが鈍化しているものの，2025年の国勢調査ではポスト団塊ジュニア世代が算出範囲内に入ってくることを踏まえると，生涯未婚率はしばらく増加の一途を辿るものと想定される。

［2］結婚したくないわけではないが…
　　　できないと考える人が増えている

　こうした単身世帯の増加によって，現在では「普通は結婚するよね」という世間的な圧力が弱まり，「結婚しない人も普通にたくさんいる」状態になった。そしてそれが，伝統的家族観からの脱却，および本章で紹介するさまざまな家

族観の変化においても顕著に現れている。

　NRI「生活者1万人アンケート調査」では2009年より未婚者に対して今後の結婚の予定・意向について調査をしている。2009年調査以降から，結婚する予定のある人や意思を持っている人（「結婚する」「たぶん結婚する」の合計）は2009年の51％から2021年の34％まで年々減っている状況にある（**図表4-16**）。結婚しないと考えている人（「結婚しない」と「たぶん結婚しない」の合計）は2009年の15％から2021年の23％へ＋8％上がっており，また「どちらともいえない」人は2009年の33％から2021年の43％へ＋10％上がる結果となった。「結婚しない」と意思に近い表現となっているのに比べ，「どちらともいえない」と回答した人には結婚したくないわけではないが，結婚できないと考えている人が多く含まれているのではないだろうか。結婚したくない人も増えている状況であるが，2021年の構成比を見る限りでは結婚できないと考えている人が大勢を占めている。

　結婚するかしないか，できるかできないかは，男女とも就業状況や就業に対する意識によって変わってくる。ここからは男性側と女性側に分けて，結婚比率が下がっている要因について考察していきたい。

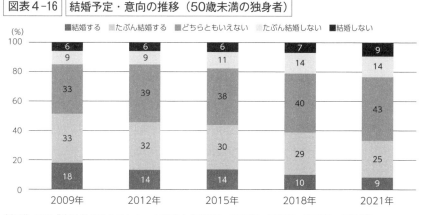

図表4-16　結婚予定・意向の推移（50歳未満の独身者）

（出所）NRI「生活者1万人アンケート調査」（2009年，2012年，2015年，2018年，2021年）

［3］男性側：非正規雇用の人は結婚できない，できそうもない

　NRI「生活者１万人アンケート調査」では，男性非正規就業者のサンプル数が少ないため，国の統計資料も用いながら合わせて考察していく。内閣府の「少子化社会対策白書」では，結婚や子供に関する各種統計資料が掲載されており，男性の正規社員と非正規社員における結婚についても示されている。図表４-17は男性の年齢階層別における，従業上の地位・雇用形態別有配偶率である。白書には「未婚でない者の割合」と書かれているため，離婚者や結婚後に配偶者と死別した人も数値に含まれているが，概ねの有配偶率，つまり結婚している人の割合を雇用形態別（正規であるか非正規であるか）に確認することができる。図表４-17は20代前半から30代前半までのデータであるため，分析対象がＺ世代，さとり世代に該当し，団塊ジュニア世代・ポスト団塊ジュニア世代のデータではないが，雇用形態別の有配偶率の傾向は年代によって変わらないと想定されるため，十分参考になるだろう。結婚している人の割合の違いについて，白書では「正規の職員・従業員の４分の１程度となっているなど，

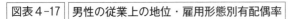

| 図表4-17 | 男性の従業上の地位・雇用形態別有配偶率 |

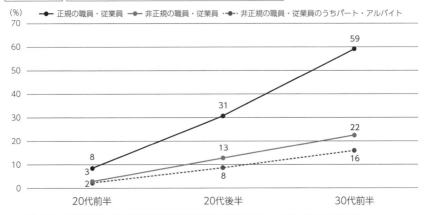

※上記グラフは総務省「平成29年就業構造基本調査」をもとに作成されている
（出所）内閣府「令和３年版少子化社会対策白書」

雇用形態の違いにより配偶者のいる割合が大きく異なっている」と説明されているとおり，非正規雇用の男性は実態として結婚している人は少なくなる状況である。

図表4-17では団塊ジュニア世代・ポスト団塊ジュニア世代のデータがないため，サンプル数は少ないながらもNRI「生活者1万人アンケート調査」で同様の分析を世代別に行った。NRI「生活者1万人アンケート調査」では，未婚者の結婚予定・意向についても合わせて質問している。団塊ジュニア世代・ポスト団塊ジュニア世代・さとり世代ごとに比較すると，正規雇用の方が非正規雇用よりも有配偶率が顕著に高く，少子化社会対策白書と同様に有配偶率に格差が生じている（図表4-18左）。

また，未婚者の今後の結婚予定・意向についても差が見られる（図表4-18右）。未婚者のサンプルが限られるため，この分析では団塊ジュニア世代以下合算で分析しているが，「結婚しない」または「たぶん結婚しない」と答える人の割合は，非正規雇用者の未婚者で39％であり，正規雇用者の未婚者の意識

| 図表4-18 | 男性の従業上の地位・雇用形態別有配偶率および結婚予定・意向 |

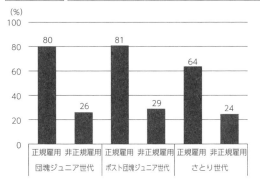
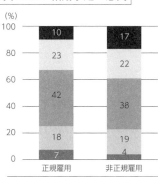

※正規雇用：「正社員として常勤で雇用」，「役員」，「雇っている人のいる事業主」および「雇っている人のいない事業主」の計，非正規雇用：「派遣社員として常勤で雇用」と「パート・アルバイト」の計
（出所）NRI「生活者1万人アンケート調査」（2021年）

33%より高い。男性の雇用形態は結婚できるか否かに大きく関わってくることが、いずれのグラフからも見て取れる。

　同白書では男性の年齢階層別における、年収別の有配偶者率も掲載されている（**図表4-19**）。白書では「いずれの年齢層でも一定水準までは年収が高い人ほど配偶者のいる割合が高い傾向にある」と説明されているように、年収800万円までは非正規雇用より正規雇用の方が有配偶比率は高い傾向にある。

　結婚できるかどうかは、経済的状況のみに左右されるものではないが、本調査結果を見ても収入との相関性は明らかであり、特に男性においては安定的な収入が得られにくく、相対的に年収の額も小さくなる非正規雇用者では結婚することが厳しい現状がうかがえる。

図表4-19	男性の年収別有配偶率

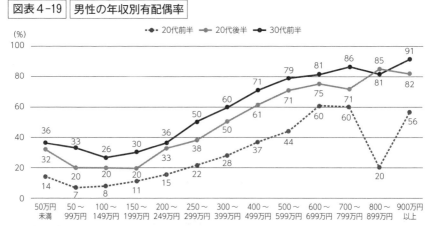

※上記グラフは総務省「平成29年就業構造基本調査」をもとに労働政策研究・研修機構が独自に二次集計・分析したものである
（出所）内閣府「令和3年版少子化社会対策白書」

［4］女性側：キャリアを重視し，
あえて結婚をしないという選択をする人も増えている

　ひと昔前の日本は，女性にとって結婚していないと生きにくい時代であった。収入面ではもちろんのこと，同じ仕事でも発言力の面でも男性優位の時代が長くあり，キャリア形成がしにくい状況であった。「結婚することで幸せになる」ことが良しとされていたが，その裏には「結婚することで不幸せ（生きにくさ）から逃れる」という心理が働いていたと考えられる。

　令和のいま，結婚していないと女性が生きにくいという考えは時代遅れで古く，性別に関係なくビジネスの場でも家庭でも，自分らしく行動することが尊重されつつある。女性が社会で活躍し，バリバリ稼ぎ，自分の好きなことや没頭したいことを堂々と行うことが認められるようになり，キャリアウーマンが増えている。そうなると，自分で自分を守れるようになり，結婚しなくても十分に生きていける力を身につけたからこそ，結婚しないという選択肢が選べるようになったといえる。つまり，仕事において女性が活躍する場が増え，結婚して家庭に入る以外の選択肢ができたことが，晩婚化・非婚化のきっかけになっていると考えられる。

　NRI「生活者1万人アンケート調査」で，先ほど男性で見た正規雇用者／非正規雇用者の有配偶率と結婚予定・意向を，女性について示したものが図表4-20である。女性の場合は，結婚することで就労のペースを落として非正規雇用になる，といった逆の順序もあるため因果関係については考察できないが，同年代間の比較では男性と異なり，非正規雇用者の方が正規雇用者よりも有配偶率は高い。ただし，未婚者の結婚予定・意向については，男性同様に図表4-20右のように分析すると正規雇用者より非正規雇用者の方が「結婚しない」または「たぶん結婚しない」と答える人の割合が高く得られる。

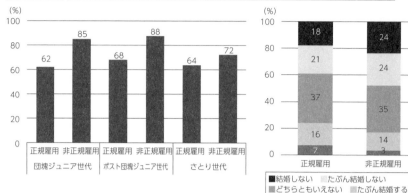

| 図表4-20 | 女性の従業上の地位・雇用形態別有配偶率および結婚予定・意向 |

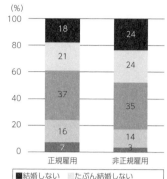

※正規雇用：「正社員として常勤で雇用」，「役員」，「雇っている人のいる事業主」および「雇っている人のいない事業主」の計，非正規雇用：「派遣社員として常勤で雇用」と「パート・アルバイト」の計
（出所）NRI「生活者1万人アンケート調査」（2021年）

　図表4-20の左側の結果から，未婚の非正規雇用者においても「結婚しない」または「たぶん結婚しない」と回答する人が多くなると予想していたが，図表4-20の右側の結果ではその予想が外れていた。これについて，女性の場合は非正規雇用者の調査サンプル数が十分にあるため，さらに世代ごとに分解した分析を実施した。その結果が図表4-21である。女性の場合，団塊ジュニア世代では非正規雇用者にて「結婚しない」や「たぶん結婚しない」と回答する人が多くなっているが，ポスト団塊ジュニア世代やさとり世代ではそこまで変わらない結果が得られた。団塊ジュニア世代は2021年調査時点で46歳〜50歳に該当するため，非正規雇用者であればなおさら結婚が難しいと意識するだろうが，ポスト団塊ジュニア世代やさとり世代では正規雇用者も非正規雇用者と同等に一定程度の結婚しない意識を持っていることから，女性の場合の結婚する，しないについては雇用形態の影響をそれほど受けず，その他の個人の特性や状況，意向によるものが強いと想定される。

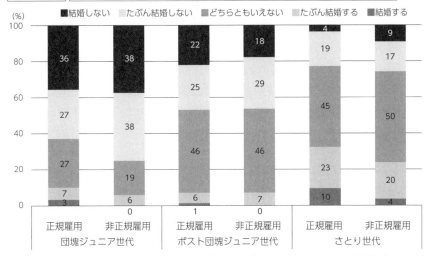

図表4-21 女性未婚者における従業上の地位・雇用形態別の結婚予定・意向

■結婚しない ■たぶん結婚しない ■どちらともいえない ■たぶん結婚する ■結婚する

	団塊ジュニア世代		ポスト団塊ジュニア世代		さとり世代	
	正規雇用	非正規雇用	正規雇用	非正規雇用	正規雇用	非正規雇用
結婚しない	36	38	22	18	4	9
たぶん結婚しない	27	38	25	29	19	17
どちらともいえない	27	19	46	46	45	50
たぶん結婚する	7	6	6	7	23	20
結婚する	3	0	1	0	10	4

※正規雇用：「正社員として常勤で雇用」、「役員」、「雇っている人のいる事業主」および「雇っている人のいない事業主」の計，非正規雇用：「派遣社員として常勤で雇用」と「パート・アルバイト」の計
(出所) NRI「生活者1万人アンケート調査」(2021年)

[5] 女性未婚者の幸福度は上昇している

「結婚こそが女性の幸せ」

このような言葉を一度は聞いたことがあるとは思うが，本当なのか。

NRI「生活者1万人アンケート調査」では，幸福度として「非常に幸福」を10点，「非常に不幸」を0点としたときの11段階で調査しており，既婚者・未婚者における幸福度の比較を行った。

たとえばポスト団塊ジュニア世代の中心となる女性40代では幸福度は2021年調査では既婚者で7.4，未婚者で6.5となっており，確かに既婚者の方が幸福度は高い。女性の30代や50代でも同様の傾向を示しており，既婚者・未婚者間ではやはり既婚者の方が幸せに感じる傾向が強そうだ。

ただし，女性40代未婚者の幸福度平均値は，2009年では6.1だったものが

2018年では6.3，2021年では6.5に上がっており，未婚者側の幸福度上昇は高い。女性の30代や50代でも同様の傾向を示している。あえて結婚を選択しない人が増えていることが，未婚者側の幸福度上昇にもつながっていると考えられる。

［6］結婚するのが当たり前という意識は崩れ，
　　日本の「標準世帯」の概念が変わる

　結婚ができない・しない背景は男性と女性で異なっているものの，結果として図表4-15で示したとおり，生涯未婚率が上昇していることは事実である。さらに，男性・女性がこうあるべき，という性別役割分担的な価値観も変わっていき，それに伴い結婚観も変容していった。

　図表4-22で示すのは，NRI「生活者1万人アンケート調査」で継続的に聴取している家族観の1つ「できることならば結婚した方がよい」価値観の男女・年代別の変化である。"できることなら"と付いていることもあり，多様な生き方を選べるようになった女性よりも，男性の方がこの価値観の水準が高いことが特徴的である。

　ただし，2015年以降の直近6年間の変化を見ると，男女とも結婚した方がよいとする価値観から脱却していることが分かる。特に女性においてはその傾向が強い。2018年調査では女性の40代までを中心に，結婚した方がよいとする価値観が大きく減少していたが，2021年では60代まで含めて多様な生き方を尊重する価値観が増している。

　結婚するのが当たり前，という従来の家族観について，自分たち親世帯の見方が変わってくることで，ますます子ども自身の結婚観にも大きな影響を及ぼすことになるだろう。結婚を選ばない人が増えることによるマイナス影響は国としては大きいが，不可逆的な変化として今後も浸透していくことが想定される。そして従来から日本の「標準世帯」とは，「夫が働いて収入を得，妻が専業主婦，かつ子どもが2人いる」といったモデルケースが想定されているのだが，こうした夫婦と子世帯の方がマイナーな世帯となっていくのだろう。

コロナ禍の影響で，2020年の婚姻数は52万5490組で，前年59万9007組から12％の減少，さらに，2021年では51万4242組とさらに前年から4％減少した。この足元の一時的な激減は今後緩和されていく可能性はあるが，本章で見てきたような構造的な問題が解消されない限り，今後も生涯未婚率は上昇していく。特に団塊ジュニア世代・ポスト団塊ジュニア世代は図表4−1で示すとおり，人口規模が大きい世代であるため，未婚率上昇によるインパクトは非常に大きい。単身世帯割合の増加とそれに伴う消費への影響を想定しながら，あらゆる分野でお一人様が増えることを想定したビジネス展開を検討しなければならない。

図表4−22　「できることならば結婚した方がよい」の推移

（「そう思う」と「どちらかといえばそう思う」の合計，性・年代別）

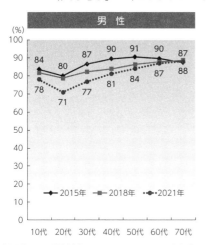
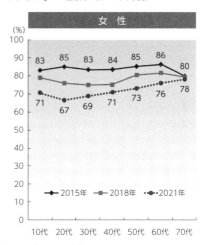

（出所）NRI「生活者1万人アンケート調査」（2015年，2018年，2021年）

第5章

「競争より協調」
…失敗したくない気持ちからくる
さとり世代・Z世代の
ライフスタイル

[1]「失われた20年」の中で成長したさとり世代・Z世代は
超安定志向

　さとり世代やZ世代は，物心ついたころにはバブル崩壊後の経済停滞期に育ち，親世代の就業者が倒産やリストラの憂き目に合うのを目の当たりにしてきたこともあり，将来を楽観視することはできない。2008年のリーマン・ショックによる大不況，そして2011年の東日本大震災が重なり，日本全体として成長実感を持てないまま大人になった。そのような時代背景により，さとり世代・Z世代の価値観は超安定志向といわれる。

　ここでは主にさとり世代の価値観特徴をNRI「生活者1万人アンケート調査」結果から紹介していく。2018年調査時のさとり世代（24歳〜35歳）の価値観を，同年齢時期にあたるバブル世代（1997年調査時，27歳〜37歳），団塊ジュニア世代（2000年調査時，25歳〜29歳）およびポスト団塊ジュニア世代（2009年調査時，27歳〜33歳）の価値観と比較する。ただし，Z世代については，2018年調査時点で15歳〜23歳になるため，他の世代との単純な比較は難しいが，さとり世代と同様の価値観を示すため，参考として図表に掲載している。

　「自分で事業をおこしたい」という起業家志向はさとり世代・Z世代では当然のように低いが，「より良い生活のためなら，今の生活を変える」という意識も低く，「自分の考えに基づいてものごとを判断したい」意識でさえもさとり世代やZ世代では低い（**図表5-1**）。逆に，「有名な大学や学校に通った方が，有利になる」といった学歴志向は高く，「ものごとを判断する時に世間体を気にしてしまう」意識が高いなど，危ない橋は渡りたくない価値観を持つことがうかがえる。右肩上がりの経済成長期という，社会や会社と一緒に自分も成長する時代を経験していないだけに，新しいことにチャレンジして得られる

「成功」よりも，失敗して安全なレールから外れて這い上がれなくなる「リスク」を取りたくないという気持ちが大きいことが分かる。

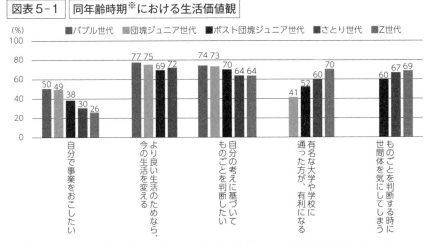

図表5-1　同年齢時期※における生活価値観

(%)　■バブル世代　■団塊ジュニア世代　■ポスト団塊ジュニア世代　■さとり世代　■Z世代

- 自分で事業をおこしたい：50　49　38　30　26
- より良い生活のためなら，今の生活を変える：77　75　69　72
- 自分の考えに基づいてものごとを判断したい：74　73　70　64　64
- 有名な大学や学校に通った方が，有利になる：41　52　60　70
- ものごとを判断する時に世間体を気にしてしまう：60　67　69

※バブル世代は1997年調査（27歳〜37歳），団塊ジュニア世代は2000年調査（25歳〜29歳），ポスト団塊ジュニア世代は2009年調査（27歳〜33歳），さとり世代は2018年調査（24歳〜35歳），Z世代は2018年調査（15歳〜23歳）のデータをそれぞれ使用
※「より良い生活のためなら，今の生活を変える」と「有名な大学や学校に通った方が，有利になる」は2000年より聴取した項目，また「ものごとを判断する時に世間体を気にしてしまう」は2003年より聴取した項目
（出所）NRI「生活者1万人アンケート調査」（1997年，2000年，2009年，2018年）

［2］仕事はプライベートを充実する一つの手段に過ぎない

　常に景気・収入・雇用の不安に見舞われているさとり世代やZ世代であるが，実は生活満足度は同年齢時期のバブル世代，団塊ジュニア世代およびポスト団塊ジュニア世代より高い（図表5-2）。子どもの頃にバブル時代の恩恵を受けていた団塊ジュニア世代・ポスト団塊ジュニア世代と違って，さとり世代・Z世代は景気の良かった時代を経験せずに育った世代である。上の世代の人から景気が良かった時代を知らないなんて可哀想，といわれてもおそらくピンと来

ないだろう。良い時代を経験して来なかっただけに，かえってちょっとしたことで満足感を得てしまう世代との見方もできる。

図表5-2 同年齢時期※における生活満足度

■満足している ■まあ満足している ■あまり満足していない ■満足していない

	満足している	まあ満足している	あまり満足していない	満足していない
バブル世代	9	61	25	5
団塊ジュニア世代	12	57	25	6
ポスト団塊ジュニア世代	13	52	25	10
さとり世	13	61	21	4
Z世代	26	57	12	5

※バブル世代は1997年調査（27歳〜37歳），団塊ジュニア世代は2000年調査（25歳〜29歳），ポスト団塊ジュニア世代は2009年調査（27歳〜33歳），さとり世代は2018年調査（24歳〜35歳），Z世代は2018年調査（15歳〜23歳）のデータをそれぞれ使用
（出所）NRI「生活者1万人アンケート調査」（1997年，2000年，2009年，2018年）

　仕事やプライベートにおいて，意外と満足した生活を送っているさとり世代やZ世代では，おそらく仕事に対する姿勢や価値観も上の世代とは乖離があるのだろう。男性であっても，「会社や仕事より，自分や家庭のことを優先したい」意識や「人並み程度の仕事をすればよい」意識，および「例え収入が少なくなっても，時短勤務のほうがよい」意識はバブル世代・団塊ジュニア世代・ポスト団塊ジュニア世代より高い水準にある（図表5-3）。会社の上司が「近頃の若者は…」と文句をいってしまうのも，就業に対するこうした価値観のギャップが物語っている。さとり世代やZ世代にとって仕事は，働くことだけが生きがいや目的というより，働くことは充実したプライベートを送るための

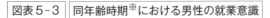

| 図表5-3 | 同年齢時期※における男性の就業意識 |

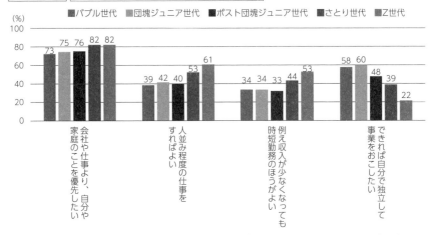

■バブル世代　■団塊ジュニア世代　■ポスト団塊ジュニア世代　■さとり世代　■Z世代

会社や仕事より，自分や家庭のことを優先したい：73　75　76　82　82

人並み程度の仕事をすればよい：39　42　40　53　61

例え収入が少なくなっても時短勤務のほうがよい：34　34　33　44　53

できれば自分で独立して事業をおこしたい：58　60　48　39　22

※バブル世代は1997年調査（27歳〜37歳），団塊ジュニア世代は2000年調査（25歳〜29歳），ポスト団塊ジュニア世代は2006年調査（24歳〜30歳），さとり世代は2018年調査（24歳〜35歳），Z世代は2018年調査（15歳〜23歳）のデータをそれぞれ使用
※就業意識は2009年調査で聴取していないため，ポスト団塊ジュニア世代は2006年調査データを用いている
（出所）NRI「生活者1万人アンケート調査」（1997年，2000年，2006年，2018年）

手段であると考える傾向が強い。

　また，Z世代は起業家意識が高いといわれることもあり，起業家として活躍している人も多くいる印象があるが，生活者調査からは否定される。同年齢時期の分析を見ても，「できれば自分で独立して事業をおこしたい」意識は，上世代と比較してかなり低い水準となっている。おそらく，起業家意識が高いように思われるのは，一部の成功しているZ世代起業家がWebメディアによる発信を積極的に行い，露出度が高いことから，そう思わせてしまっているように思われる。大半のZ世代は安定志向を持ち，企業に雇用されることを望んでいる。

　ただし，就業意識についてはガツガツ働く姿勢は薄いが，転職意識はやや高いことは指摘しておきたい。図表5-3と同様に，各世代において同年齢時期における転職意向を比較したものが図表5-4になる。Z世代は，ポスト団塊

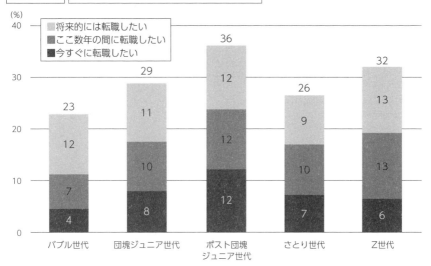

| 図表5-4 | 同年齢時期※における男性の就業意識 |

(%)
40

- 将来的には転職したい
- ここ数年の間に転職したい
- 今すぐに転職したい

バブル世代 **23**: 12 / 7 / 4
団塊ジュニア世代 **29**: 11 / 10 / 8
ポスト団塊ジュニア世代 **36**: 12 / 12 / 12
さとり世代 **26**: 9 / 10 / 7
Z世代 **32**: 13 / 13 / 6

※バブル世代は1997年調査（27歳〜37歳），団塊ジュニア世代は2000年調査（25歳〜29歳），ポスト団塊ジュニア世代は2006年調査（24歳〜30歳），さとり世代は2018年調査（24歳〜35歳），Z世代は2018年調査（15歳〜23歳）のデータをそれぞれ使用
※就業意識は2009年調査で聴取していないため，ポスト団塊ジュニア世代は2006年調査データを用いている
（出所）NRI「生活者1万人アンケート調査」（1997年，2000年，2006年，2018年）

ジュニア世代に次いで，転職意向が高い結果が得られている。ポスト団塊ジュニア世代については，就職氷河期の影響を受けて就職活動が思うようにいかなかった人が多い世代であるが，2006年前後は「いざなみ景気」の真っ只中にあり，売り手市場だったことから，より良い職場・自身の希望する職種への転換を目指して，転職意向は高かったとみられる。一方，Z世代においては，アベノミクスにより雇用環境が回復していたため，超売り手市場であり，就職活動には苦労していない世代であるといわれる。ある意味苦労知らずで就職でき，さらには売り手市場も続いているため，転職に関しても楽観的なのかもしれない。ポスト団塊ジュニア世代の転職が必死の活動であるのに対し，Z世代はより良い環境の職場があれば移ってしまおう，と転職に対するハードルは低い（リスクとは思わない）世代であることがうかがえる。

［3］ 超安定志向は「競争より協調」の意識に

　さとり世代・Z世代の超安定志向は，人とのつきあい方にも反映されている。「考えを主張するより，他の人との和を尊重したい」意識は高い水準を保つ一方で，「まわりの人から，注目されるようなことをしたい」意識は2009年以降大きく減少が続き，「気の合った仲間さえ分かってくれれば良い」意識は一貫して高まっている（図表5-5）。

　さとり世代・Z世代は少子化によって同世代の人口が少なく，団塊世代や団塊ジュニア世代と比べると，他人との競争の必要性が薄かった世代である。さらに，1987年〜2004年生まれの人については，学校において，詰め込み型ではなく，経験重視型の所謂「ゆとり教育」を受けた世代であり，当時の学校教育によって他人と競争する意識が薄れていったことも影響している。

　このような時代背景および先述の超安定志向な価値観を踏まえると，さとり世代・Z世代は，高みを目指して他人と競争していくより，ともに歩調を合わせながら協力し合うことを重視する世代であることが分かる。仕事においても，同期より抜きん出ることにより，注目を浴びてしまうことをおそれ，できるだけ変に目立つようなことはせず，会社人生を無難に過ごしたいという気持ちがライフ重視の就業意識につながっているとも考えられる。

　このようなさとり世代・Z世代に特徴的な「競争より協調」の意識は，スマートフォンの普及とともにさらに強まることとなる。

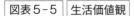

図表 5-5 生活価値観

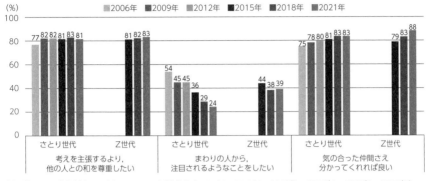

(出所) NRI「生活者1万人アンケート調査」(2006年, 2009年, 2012年, 2015年, 2018年, 2021年)

［4］スマートフォン利用により大きく変化する，さとり世代・Z世代のメディア利用

　日本におけるスマートフォンの普及は，2008年にアップル社の「iPhone 3G」が，また2009年に「iPhone 3GS」がソフトバンクから発売された頃から始まっている。2009年時点ではさとり世代は15歳～26歳であり，初めての携帯がスマートフォンであった人もいたであろう。またZ世代については2009年時点で14歳以下であり，ほとんどの人が携帯を持ち始める高校生を迎える前にスマートフォンは誕生していた。

　2008年のiPhone日本進出から10年以上経った現在において，スマートフォンは若年層中心に急速に広まった。2021年調査時点で，さとり世代・Z世代ともにスマートフォン保有率は9割を超えている。今や文字入力はキーボード入力よりフリック入力の方が速いといったように，パソコンよりもスマートフォンの方が手慣れている人は多い。

　インターネット利用時間もスマートフォンが急速に普及した2012年から2015年において大きく伸びており，コロナ禍前の2018年では平日1日当たり，さとり世代で177分，Z世代で236分もインターネットを利用していた。さらにコロ

ナ禍における巣ごもり生活の影響からか，2021年ではさとり世代211分，Ｚ世代287分と大きく利用時間が伸びている。特にＺ世代では一日５時間近くの時間をインターネットの世界とつながっていることに驚かされる（**図表５-６**）。

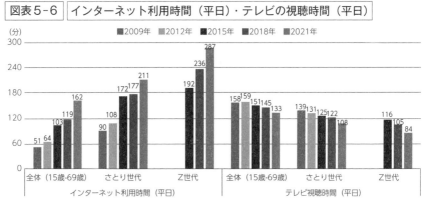

| 図表5-6 | インターネット利用時間（平日）・テレビの視聴時間（平日） |

（出所）NRI「生活者１万人アンケート調査」（2009年，2012年，2015年，2018年，2021年）

［5］「タイパ」を重視し，メディアを消費するＺ世代

　さとり世代・Ｚ世代においてインターネットの利用時間が大きく伸びている背景には動画視聴が挙げられる。YouTubeなどの無料で見られる動画については，中高年層含めた各世代でも大きく増加しているのだが，Amazon Prime Video（アマゾンプライムビデオ）やNetflix（ネットフリックス）などの有料動画配信サービスは有料である故に，特に，中高年層の利用は浸透していなかった。しかし，コロナ禍を契機に，これら有料の動画配信サービス利用は，さとり世代やＺ世代中心に，大きく進んでいる。**図表５-７**は，「映画やテレビ番組などの有料動画配信サービス」の視聴割合について，パソコンとスマートフォンそれぞれの推移を分析したものであるが，特にＺ世代ではスマートフォンにより動画視聴を行っていることが分かる。

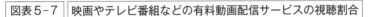

| 図表5-7 | 映画やテレビ番組などの有料動画配信サービスの視聴割合 |

（出所）NRI「生活者1万人アンケート調査」（2012年，2015年，2018年，2021年）

　Z世代において激増するインターネット利用時間の中で，どのように動画を楽しんでいるのか。そこにはZ世代ならではの「時間が惜しい」および「時間を大切にしたい」志向（タイムパフォーマンス，略して「タイパ」）と絡んで，特殊な動画視聴の在り方が生まれている。

　「タイパ」は聞きなれない言葉かもしれないが，昔からある「コスパ」と似たものだと思えば理解しやすいだろう。コスパとは，使った費用（コスト）に対して得るモノ（パフォーマンス）の大きさを表す「費用対効果」のことである。この「費用（コスト）」の部分を「時間（タイム）」に置き換えていわれ始めたのが「タイパ」である。つまり，使った時間（タイム）に対して得るモノを大きくしたいという気持ち，すなわち「時間対効果」という効率面を大きくしたい気持ちのことである。

　この「タイパ」志向が基で，Z世代を中心に動画を倍速で視聴する，というスタンスが定着している。動画には通常，再生スピードを1.5倍や2倍にする機能が備え付けられており，大学のオンライン講義などでは生講義でないなら「倍速視聴」は当たり前で，「エンターテインメント」としての映像作品も倍速で見る人が多いという。

　これら「タイパ」重視の背景にはZ世代に強い「間違えたくない」，「損をし

たくない」および「失敗したくない」志向がある。動画配信サービスが充実化したことから，友人知人との話題となる作品にはドラマだけでなく，映画やアニメなど膨大な数に上る。それらをチェックしておかないと友人知人との会話においていかれてしまうおそれもあり，話題となりそうな作品は1つでも多くチェックする必要がある。そのため，1つの作品をじっくり見ることよりも多くネタを手に入れることを優先し，倍速などでの動画視聴は必須になる。さらには視聴する動画が面白くなかった場合に備え，映画を観る際にはどんなエンディングとなるのかを把握してから視聴したり，ミステリーものなら犯人を知っておいてから視聴するといった「ネタバレをチェックしてから」といった行動をとる人もいる。

　ここまでくるともはやZ世代にとってはメディアを楽しむものではなく，情報を得るためのコンテンツとして「消費する」ものとしての感覚に近いのではないだろうか。Z世代はデジタルネイティブな世代ともいわれ，普段から大量の情報に触れ，その中から欲しい情報を効率的に入手することが当たり前の環境を生きている。「タイパ」を重視するZ世代には，他世代と異なるニーズがあり，行動が全く違ってくることを意識しなければならない。

［1］ 世代によって異なる使われ方をするSNS

　Z世代では5時間近くもインターネットを利用しているが，スマートフォンによる動画視聴を含め5時間続けてインターネットを利用しているわけではない。いつでも・どこでも手軽に扱えるスマートフォンは，通勤・通学の時間，休み時間，外出時の移動時等の「すきま時間」の有効活用に貢献してきた。

　特に「すきま時間」の有効活用としてSNS利用が挙げられる。若年層を中心にSNSはコミュニケーションツールとして浸透している。LINEはどちらかというと無料の通信手段としてバブル世代や団塊ジュニア世代でも9割近くの人が利用するまでになっているが，Facebook・Twitter・Instagram・TikTokは若年層の利用が多い（図表5-8）。ただし，サービスごとに利用者属性が異なることが特徴的だ。

　Facebookは全体的に利用割合が高くなく，特にZ世代の利用が低いため，相対的に"おじさん"が利用するツールとなっている。実際の友達や仕事関係の人とつながるFacebookはフォーマルな印象が強く，中年層であるポスト団塊ジュニア世代やさとり世代（の中年層）には馴染むが，逆に気軽な発言がしにくくなることからZ世代には敬遠されている。

　TwitterはZ世代の利用割合が高い。Z世代男性75％，女性77％であり，男女ともに利用されるツールである。実際の友達とのコミュニケーションはもちろんだが，面識はなくても共通の趣味等でつながった人たちとのコミュニケーションの場であるため，気軽な情報発信をしやすい。

　InstagramもZ世代で利用者が74％であるが，Z世代男性62％，女性85％であり，女性が特によく使用しているツールである。おしゃれな写真投稿によって直感的にも分かりやすく，見栄えの良さから友達からの共感を得られやすい

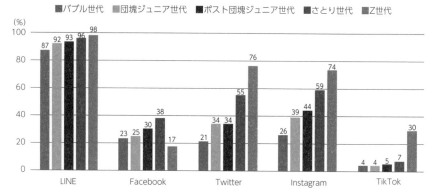

図表5-8　各種SNSの利用割合※

■バブル世代　■団塊ジュニア世代　■ポスト団塊ジュニア世代　■さとり世代　■Z世代

※SNSの現在の利用経験（利用頻度）を尋ねる設問において，「毎日利用している」，「週に2～3回程度利用」，「週に1程度利用」，「月に2～3回程度利用」および「月に1回以下の頻度で利用」と回答した人の割合を示す（「かつて利用していたが，現在は利用していない」，「知っているが，利用したことがない」および「聞いたことがない」と回答した人は含まれない）

（出所）NRI「生活者1万人アンケート調査」（2021年）

ため，「インスタ映え」するための撮影行動は良い意味でも悪い意味でも話題となっている。「いいね」で拡散せず，ユーザーが積極的にハッシュタグやユーザー名を検索してコミュニケーションしていく行動が特徴的である。

　また，現在「TikTokマーケティング」という言葉が流行になるくらいTikTokが着目されているが，NRI「生活者1万人アンケート調査」の結果ではZ世代の利用割合は30％（男性22％，女性37％）となっている。TikTok利用は他のツールと比較すると少なく思えるが，Z世代より上の世代にはほとんど利用されていないツールであることから，TikTokを利用したマーケティングは確実にZ世代に届くものになる。

［2］ Z世代は，SNSを読むだけでなく，情報発信も活発

SNSツールは世代によって使われ方が異なるものの，総じて若い世代ほどSNSの利用は活発である。「SNSで他の人の書き込みを読む」および「SNSで自分から情報発信する」割合はともに，上の世代よりさとり世代・Z世代の方が高い（図表5-9）。

「SNSで他の人の書き込みを読む」割合に対する「SNSで自分から情報発信する」割合を「発信/閲覧比率」とすると，その比率はバブル世代0.42，団塊ジュニア世代0.38，ポスト団塊ジュニア世代0.47に対し，さとり世代は0.56，Z世代は0.73となる。SNS利用については，他の人の書き込みを閲覧するだけの人もいると思うが，特にZ世代については自分から積極的に情報発信をすることも特徴的だ。

図表5-9 ｜ SNS利用の仕方，発信/閲覧比率

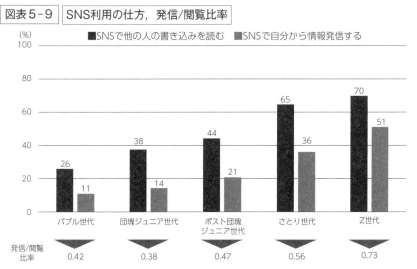

※「発信/閲覧比率」＝「SNSで自分から情報発信する」／「SNSで他の人の書き込みを読む」
　により算出
（出所）NRI「生活者1万人アンケート調査」（2021年）

［3］SNSが情報収集のメインツールになりつつある

　SNSツールが浸透しているＺ世代だけあって，情報収集行動にもSNSが深く関わっている。特にSNSによる情報収集行動はＺ世代中心に中高年層まで波及しているトレンドであることから，ここでは最初にＺ世代以外の年代も含めてSNSによる情報収集行動の傾向を紹介したい。

　NRIでは消費者の価値観や行動の変化を定期的に把握するため，毎年12月，日本に在住する15〜69歳の男女個人約3,000名を対象とするインターネット調査「生活者年末ネット調査」を実施している。2021年調査では「情報収集行動」をテーマにした設問を用意し，生活者の情報収集活動における特徴や傾向について分析を行った。また，2016年の調査においても同様の設問で調査しており，５年間での情報収集行動の変化についても紹介する。

　インターネットによる情報収集で使用する情報源では，従来のGoogleやYahoo!等の検索エンジンを使用した情報収集に加え，SNSを利用した情報収集活動の割合が高まっている。2021年調査では，各年代でSNSによる情報収集の割合が５年前に比べて伸びており，特に10代・20代の若年層では検索エンジンによる情報収集が大きく減少（10代：78→69％，20代：87→70％へ）していることから，SNSが検索エンジンと並ぶか若干それを上回る情報収集のメインツールになりつつある（図表５-10）。

　情報収集でSNSを利用した層において，使用したSNSツールの割合は，2016年時点でTwitterが68％と最も高く，2021年でも66％でそれが継続している。また，この５年でLINEやFacebookによる情報収集の割合は減少し，Instagramでの情報収集が大きく伸びていた（図表５-11）。

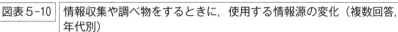

図表5-10 情報収集や調べ物をするときに，使用する情報源の変化（複数回答，年代別）

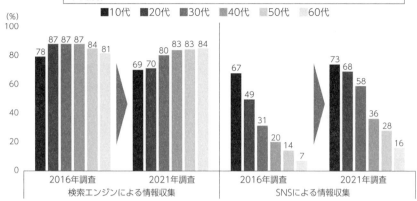

（出所）NRI「生活者年末ネット調査」（2016年12月，2021年12月）

図表5-11 情報収集や調べ物をするときに，使用するSNSツールの変化

（複数回答，SNSによる情報収集者のみ，2016年の回答が多かった順）

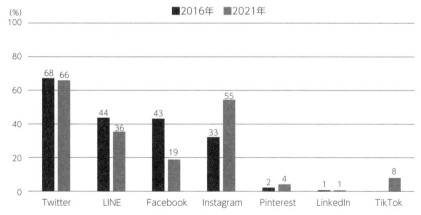

※TikTokは2016年にサービスを開始したばかりであったため，2016年調査では選択肢に入れていない。
（出所）NRI「生活者年末ネット調査」（2016年12月，2021年12月）

総務省の「令和2年度情報通信メディアの利用時間と情報行動に関する調査」によると，2016年から2020年にかけて，各SNSツールの利用割合はTwitter（+14.7%），Instagram（+21.8%），LINE（+23.3%）が伸びており，Facebook（-0.4%）は横ばいであった。これを踏まえると，情報収集ツールとしては，Instagramがユーザー数の伸びも影響して利用が大きく拡大していると見られ，Twitterについてもユーザー数が伸びていることから情報収集目的での利用者数は拡大していると考えられる。

　なお，各SNSツール利用者において情報収集目的でそのSNSツールを利用する人の割合は，2021年調査でTwitter：56%，LINE：18%，Facebook：28%，Instagram：48%，Pinterest：18%，LinkedIn：6%，TikTok：22%である。この数字からも，TwitterやInstagramの方が情報収集目的で使用されやすいツールであることが分かる。

　TwitterやInstagramなどのSNSを使った情報収集には「ハッシュタグ」を使用する。SNSに投稿する際，関連するキーワードにハッシュ記号「#」を付けることで，SNS内で同じハッシュタグのついた投稿をまとめて検索・閲覧することが可能となる。例えば，ホテルの部屋から外を写真に撮ったときは，「#ホテルの部屋から」といった言葉を付けて投稿する。そして別の利用者が「ホテルの部屋から見える景色を確認したい」場合に，ハッシュタグによって関連する投稿を探すことができる。こうしたハッシュタグを利用したSNSの情報収集では，自分が知りたい情報だけをまとめて探すのに便利であり，若年層中心に活用が進んでいるのである。

［4］SNSによる情報収集で求めることは「即時性・リアルタイム」，「生の声」および「面白い情報」

　図表5-10では，特に若年層における情報収集行動に変化が起きている傾向が見られたが，2021年調査結果について，さらにＺ世代とＺ世代以外の世代に分解した結果を図表5-12に示す。Ｚ世代はTwitterで情報収集をする傾向が77％（Ｚ世代以外では63％）と強く，Ｚ世代の女性ではInstagramの利用比率が78％（Ｚ世代以外は53％）と特に高い特徴がみられる。LINEはいずれの層でも30％前後で世代や性別による差が小さい一方，Facebookは，Ｚ世代以外では24％の人において情報検索ツールとして使用されているものの，Ｚ世代においては3％とほとんど使われていない。

　では，なぜSNSで情報を収集したいのか。SNSツールによる情報収集理由について2016年調査と2021年調査の変化を図表5-13に示す。これによると，「最新の情報をいち早く入手したいから」が，2016年および2021年の調査で，それぞれ57％および47％を示し，各調査年での最大の理由になっている。また，

図表5-12	情報収集や調べ物をするときに，使用するSNSツール

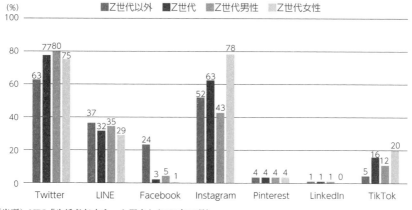

（複数回答，SNSによる情報収集者のみ，Ｚ世代とＺ世代以外比較）

（出所）NRI「生活者年末ネット調査」（2021年12月）

「実際の利用者の生の声を直接知りたいから」も，2016年および2021年に，それぞれ39％および41％を示し，比較的高い理由となっている。さらに，2021年調査では，それらと並んで，「話題のネタなど，面白い情報を見つけることができるから（44％）」，「災害，事件，電車遅延などの状況をリアルタイムで知りたいから（40％）」および「撮影された写真や動画が多く，感覚的に理解しやすいから（34％）」といった動機も高くなっており，この5年間の変化の特徴を示している。

　SNSで具体的にどのような情報を収集しているのかを，自由回答で見ると，「電車の遅延状況や最寄り駅の混み具合（男性20歳）」，「最近の出来事やニュース，話題になっているもの（男性17歳）」，「行こうとしていた美術館の評判と，実際に見た人たちが良かったと話している絵，また，当日の混雑具合（女性25歳）」および「糖質制限ダイエットのため，低糖質の商品やレシピ，現在糖質制限中の方の経過（女性24歳）」などが挙げられた。最新の情報を「リアルタイム」で収集したり，投稿者による「生の声」や，話のネタになるような「面白い情報」を得たりすることを目的として，SNSツールを使って情報収集をしている様子がうかがえる。

　こうしたSNSツールによる情報収集は，「リスクを取りたくない」や「失敗したくない」といったZ世代の価値観にもマッチしており，合理的な方法である。例えば，旅行で泊まるホテルを選定する際に，客室の様子で決めることもあるだろう。しかし，多くの旅行サイトでは，イメージ写真のような綺麗な写真しか掲載しておらず，しかも部屋が最も広く見えるように工夫されている。そのため，実際に訪れたときに事前のイメージとのギャップにがっかりした経験があるかもしれない。実際の広さや清潔さを知るのに，見栄えの良い綺麗な写真では参考にはならない。そのような場合にInstagramで実際にホテルを利用したユーザーの投稿を見ることで，今現在のホテルの様子やそれを利用したユーザーの生の声を把握することができる。旅行に出かける前から具体的なホテルの情報を把握することで，ホテル選びの失敗を回避するのである。

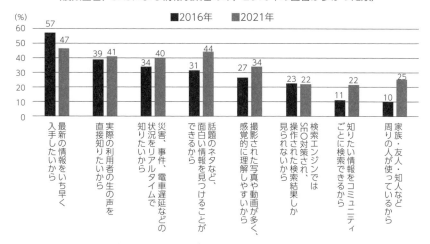

図表5-13 | SNSツールによる情報収集理由の変化

(複数回答，SNSによる情報収集者のみ，2016年の回答が多かった順)

■2016年　■2021年

項目	2016年	2021年
最新の情報をいち早く入手したいから	57	47
実際の利用者の生の声を直接知りたいから	39	41
災害、事件、電車遅延などの状況をリアルタイムで知りたいから	34	40
話題のネタなど、面白い情報を見つけることができるから	31	44
撮影された写真や動画が多く、感覚的に理解しやすいから	27	34
検索エンジンではSEO対策され、操作された検索結果しか見られないから	23	22
知りたい情報をコミュニティごとに検索できるから	11	22
家族・友人・知人など周りの人が使っているから	10	25

※SEO対策：検索エンジン最適化ともよばれ，GoogleやYahoo!等の検索エンジンによる検索結果で特定のサイトを多く露出をするために行う対策のこと。
（出所）NRI「生活者年末ネット調査」（2016年12月，2021年12月）

［5］情報収集におけるSNSツールの使い分け

　SNSツールを使った情報収集行動においては，利用者のニーズによって使うツールが異なっている。対応分析の手法により，各SNSツールとSNSで情報収集した理由との関係性を可視化した結果を図表5-14に示す。図表の見方は，各々のSNSツールと，情報収集の理由として挙げた各項目の距離が近いほど，相互により高い関係性があると理解することができる。

　例えばTwitterは，「災害，事件，電車遅延などの状況をリアルタイムで知りたいから」，「最新の情報をいち早く入手したいから」など，「リアルタイム性」を求める人との親和性が高い。InstagramやTikTokは，「撮影された写真や動画が多く，感覚的に理解しやすいから」が近く，「感覚（視覚）情報」を求める人との親和性が強い。Facebookは，「検索エンジンではSEO対策され，操作された検索結果しか見られないから」「知りたい情報を，同好会や専門家の集

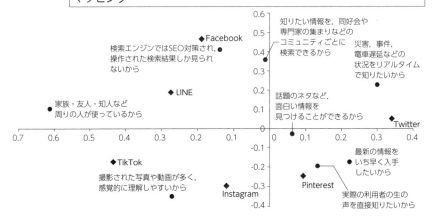

※対応分析：項目間の相関関係が最大になるように数量化し，項目間相互の関係性を視覚化する分析手法。
（出所）NRI「生活者年末ネット調査」（2021年12月）

まりなどのコミュニティごとに検索できるから」が近く，故意に操作されていない「正確な情報」や「つながり」を求める人との親和性が高い。またPinterestは「実際の利用者の生の声を直接知りたいから」が近く，TwitterやInstagramと似た使われた方をする傾向にある。それぞれのSNSツールは，利用者ニーズに応じて多様な使われ方をしていることが分かる。ただしLINEについては，上記ツールとは異なり，特に何らかの理由があって情報収集するというより，「周りの人が使っているから」情報収集時でも使用するツールであることがうかがえる。

　SNSの括りとして同一視されることもあるが，このようにサービスによって利用者属性やその使い方が異なってくる。企業がSNSを使ったマーケティング活動を行う上では，こうした利用者側の使い分けや情報収集ニーズにマッチした訴求をする必要がある。若年層向けに，今実施している販促など「リアルタイム性」の高い情報を消費者に伝える場合はTwitterが，またパッケージや活用シーンなどの「感覚（視覚）情報」を若年女性に伝えたい場合はInstagram

が有効である。一方，所属コミュニティなど「つながり」を利用した情報を伝えたい場合はFacebookを利用することが有効だが，FacebookはZ世代以外の中高年層で良く使われるツールであるため，若年層へのアプローチには不向きであることを念頭に置く必要がある。またFacebookとは反対に，Z世代にダイレクトにアプローチしたい場合はTikTokを利用するのが有効である。

　Z世代は企業が直接発信した情報（Googleなど検索エンジンでヒットする情報）よりも，SNSツールによって自分が共感する第三者が「翻訳した」その企業や商品の情報を収集する傾向が強い。またZ世代は最新のトレンドについて，いわゆるインフルエンサーが発信する情報を参考にすることから，企業はその世代がウォッチしているインフルエンサー集団を把握し，活用していくことも重要である。

[1] 消費意識も保守的，「外したくない」，「失敗したくない」

　「競争より協調」志向であり，SNSを活発に利用して仲間とつながっていたいさとり世代・Z世代は，消費についても日和見的なところがある。消費価値観として「使っている人の評判が気になる」傾向は，さとり世代・Z世代で大きく続伸している一方で，「周りの人と違う個性的なものを選ぶ」や「流行にこだわるほうである」は減少している（図表5-15）。

　良くいえば，人との和を大切にし，目立ちたくないという意識からであるが，悪くいえば「外してしまう」ことで自分が仲間から「外されてしまう」危機意識を持つ世代だ。消費についても周りを気にしてしまい，「失敗したくない」と保守的になってしまうのだろう。「商品を買う前にいろいろ情報を集めてから買う」および「携帯・スマホ等を活用し店頭でも情報比較し商品を選定」の割合が上昇していることからも，買い物前・買い物途中において，流行を追うよりも周りの評判を気にしながら情報収集する様子がうかがえる。

　失敗した，という気持ちは，自分自身で判断した結果としてうまく行かなかった場合に発生する感情である。逆にいえば，何かの例に倣ったり，誰かのお勧めに従うことで，自分自身単独で判断しなければ，失敗とはいえない。そのため，特にInstagramやTikTokを多用するZ世代においては，インフルエンサーから受ける影響が大きいことを再度認識しておくことが重要である。

図表5-15 消費価値観

※ 「携帯・スマホ等を活用し店頭でも情報比較し商品を選定」は2012年より聴取した項目
（出所）NRI「生活者1万人アンケート調査」（2006年，2009年，2012年，2015年，2018年，2021年）

［2］ リアル店舗の位置づけが変わる

　20代後半以上の年齢になっているさとり世代はもちろんだが，まだ学生も含まれるZ世代においても，デジタルネイティブな世代だけあって，年齢の割にインターネットショッピングの利用割合は高い。さらには，「実際の店舗に行かずに，インターネットだけで商品を買うことがある」割合についても，Z世代はさとり世代に次いで高い（図表5-16）。この価値観は，さとり世代やポスト団塊ジュニア世代は頭打ちとなっているが，Z世代は2018年調査から急伸している状況であることから，今後も伸びる可能性がある。Z世代とっては従来型のリアル店舗のプレゼンスが低下しており，リアル店舗の位置づけについて再考すべき時がきている。

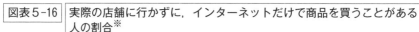

図表5-16	実際の店舗に行かずに，インターネットだけで商品を買うことがある人の割合※

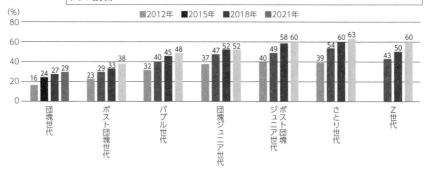

※「A：実際の店舗に行かずに，インターネットだけで商品を買うことがある」および「B：インターネットで商品を買う場合も，実物を店舗などで確認する」について，「Aに近い」，「どちらかといえばAに近い」，「どちらかといえばBに近い」および「Bに近い」の4段階で尋ね，「Aに近い」と「どちらかといえばAに近い」を回答した人の割合を示している

（出所）NRI「生活者1万人アンケート調査」（2012年，2015年，2018年，2021年）

　Z世代を対象としたインタビュー調査からは，Z世代の消費に対するある意味効率的な側面と慎重な側面が見えてきた。やはり実物を見ずにインターネットで商品を購入することは多いのだが，多くが一度購入・利用したことがある商品であったり，商品の質や評判についてインターネットで十分情報が取れる商品の場合だという。初めて購入する商品であったり，初めてでなくても購入頻度の低い商品については，失敗したくない気持ちから，インターネットでの情報検索や友人・知人からのおすすめ，インフルエンサーからの評価を調べつつも，実物を見てから購入するか決めたいとの声を多数聴くことができた。

　またインターネットでの検索は，自分の興味のあること，自分が欲しい情報を取りに行くため，不要な情報がない分効率的だが，自分の視野が狭くなってしまうのではないかと心配になることがある，といった声も聴くことができた。確かに，レコメンド技術の精度が上がり，検索サイトではインターネット利用者が見たいだろうと思われる情報を選択的に推定して，逆に見たくないだろうと思われる情報を遮断し，最適化された見たいだろうと思われる検索結果のみ

を表示するようになっている。GoogleやFacebookなど，ほとんどのWebサイトではこのような機能が標準で導入されており，同じ「インターネット」を見ているつもりでも，人々が実際に見ているのは「フィルター」を介してパーソナライズされた世界ということになる。

　このようにインターネットの検索履歴が「フィルター」となって同じような情報ばかりが表示されてしまい，その結果，まるで「泡」の中にいるように，自分が見たい情報しか見えなくなってしまうこと「フィルターバブル」と呼ばれる。デジタルネイティブなZ世代だからこそ，「フィルターバブル」によって視野が狭くなる危険性を認識している。購買においてある程度の効率化を求めつつも，実物を見て購入する商品を決めることやリアルでしか享受できない体験，エンターテインメント性，思いがけない商品を発見できる店舗ではセレンディピティ（偶然の素敵な出会い）という要素がZ世代においても重要となる。

［3］「ショールーム」化するリアル店舗の狙い

　インターネットによる情報収集・購買が浸透し，リアル店舗のプレゼンスが低下する中で，今後のリアル店舗の位置づけはあくまで「ショールーム」とし，セレンディピティの要素に軸足を置く動きも出てきている。

　たとえば，そごう・西武では，百貨店業界初のショールームに特化した店舗として「チューズベース シブヤ（CHOOSEBASE SHIBUYA）」を西武渋谷店にオープンしている。チューズベースは4つのエリアとカフェラウンジで構成されており，エリアはD2Cブランドを中心に今話題のアイテムを集積した展示室エリア（BASE A），コスメからフードまで幅広いカテゴリーのアイテムを気軽に試せる展示室エリア（BASE B），最新テクノロジーを使った購買体験ができるエリア（BASE C），五感を刺激する体験ができるエリア（BASE D）といったテーマに分かれている。百貨店に入っても，積極的に声を掛けてくる店員はおらず，エリアにはスマートフォンで読み取ることで商品の詳しい説明

が見られるQRコードが掲示されている。誰にも邪魔されることがなく，ショールームに特化したエリアではどのような商品が置いてあるのかを探しにいく楽しみも生まれ，購入するかどうかをカフェで商品説明を見ながらじっくり検討することもできるなど，利用者の買い物行動の自由度は高い。チューズベースシブヤのWebサイトには「意味に出合い，意志を買う。」「ひとつひとつの選択が，わたしたちの未来をつくる。」と説明されているが，まさに利用者自身が自由な買い物行動により商品を選択するスタイルがこのコンセプトを実現している。

またショールームの商品を購入する際は，QRコードから専用サイトにアクセスし，オンライン上のショッピングカートに追加するため，手ぶらでショッピングを楽しむことができる。会計後にその場でまとめて商品を受け取ることもできるし，ECと連動させてECから購入し自宅に配送することもできるため，商品を持ち帰らないと買った気分にならないリアル派のニーズ，とにかく持ち帰りの負担をなくしたい利便性追求派のニーズのどちらも叶えることが可能だ。

またショールームに特化した事例として2020年に夏にアメリカから進出した「b8ta（ベータ）」がある。ベータは当初東京都の有楽町と新宿の２店舗構えであったが，2021年11月にはコロナ禍にもかかわらず渋谷に「b8ta Tokyo Shibuya」に出店，2022年４月には埼玉の越谷レイクタウンに「b8ta Koshigaya Laketown」を出店している。さらにはポップアップストアであるが，2022年８月に関西初出店として大阪の阪急うめだ本店，９月に福岡ソラリアプラザ，10月に名古屋のJRゲートタワーに出店している。ベータにおいても，デジタル商品をはじめ，コスメやアパレルなど個性的な商品が陳列され，利用者は店内を自由に見回り，気に入ったものを試すことができる。商品をその場で購入することも可能だが，商品を購入しなくても良いという気軽さを消費者に提供できる店舗である。

また，渋谷の店では日産自動車のSUV電気自動車である「日産ARIYA」が展示されていた。通常，自動車は郊外のディーラー店舗でしか新車の実物を見ることはできないが，若者が多い渋谷の街の店舗に新型の電気自動車が展示されることで，普段自動車に馴染みのない若年層からも興味を持たれ，SNS等で

も話題となった。直接その店舗での購買につながることにはならないが，日産自動車ではこうしたショールームに特化した店舗に新型車を置くことで，新型車を知ってもらうことや話題になることを狙い，敢えて新車展示をするコミュニケーション施策を展開している。渋谷での展示成果を受けて，大阪・福岡・名古屋のポップアップストアでは軽の電気自動車で話題になった「日産SAKURA」が展示されていた。

　ショールームに特化した店舗では，店舗に在庫を確保しなくて良いことがメリットとして挙げられる。例えばアパレルの場合，試着ができれば十分であるので，カラー・サイズのバリエーションを1種類ずつ用意しておけばよい。その結果，店舗面積を狭くすることができ，ベータのような販売スペースを間借りすることも，都心に小さい店舗で出店することもできる。また，ロングテールになり得る商品は売れ残りリスクが発生するが，店舗に在庫を備えておく必要がなければ，売れ残りリスクが少なく，"とがった"商品を陳列しやすくなる。"とがった"商品は普段見掛けることが少ないだけあって，リアル店舗にて陳列しておくことはセレンディピティの体験へと益々つながるだろう。

　日本ではうまく浸透してきているベータであるが，実は本家本元のアメリカでは2021年に全店舗が閉店している。国土の広いアメリカでは，日常の買い物のスタイルとして，フォードなどの大きな自動車（日本で浸透している"ミニ"バンではなく，かなり大きなバンなど）で店に行き，大量に商品を買って持ち帰るスタイルが一般的であるため，ショールームに特化した店舗はあまり馴染まなかったという。しかし体験ニーズがある日本においては，特に「購入しなくても良い」という，プレッシャーのない環境が日本の消費者に好意的に受け止められ，ショールームに特化した店舗においても，Z世代のような若年層による利用が進んでいるのだろう。

　今後のリアル店舗の役割として重要なのは，顧客体験価値の向上である。「チューズベース シブヤ」や「ベータ」のように自由な購入体験を演出することや思いがけない魅力的な商品と出会える体験（セレンディピティ）がきっかけとなり，実際の店舗へ足を運ぶ機会が増えたり，ネットで購入してもらえる

ようになったりする。ますます参照度が増えてきている口コミという観点からも，思わずSNSに投稿したくなるような話題性のある顧客体験を生み出す取り組みを積極的に行うことが重要である。

5-4 | つながりを重視するＺ世代に向けた有効なアプローチとは

［1］「モノ」より「コト」，キーワードは「つながり志向」

　「若者の○○離れ」といわれる現象の中で，代表的なものは若者のクルマ離れだろう。しかし，さとり世代やＺ世代については，「離れる」というよりは最初から寄りついてすらいないと解釈する方が正しいようだ。積極的にお金を掛けたい費目として「自動車」は，団塊ジュニア世代・ポスト団塊ジュニア世代では若い時に高い意向を示していたが，その後は加齢とともに減少している。一方，さとり世代やＺ世代については若い時から自動車にお金を掛けたい意識は低いままである（図表5-17）。

　他方で，積極的にお金を掛けたいと考える費目として重要なのは「人とのつきあい・交際費」である。2021年調査では，コロナ禍の影響を受け，Ｚ世代より上の世代では「人とのつきあい・交際費」にお金を掛けたい意向は大きく減少したが，Ｚ世代においては変わらず高水準を維持している。仲間とのつながりを重視する志向から，消費においても自動車などの「モノ」にお金を掛けるより，他者と交流するために必要な「コト」にお金を掛ける方を重視する。さとり世代は加齢により年代が中年層に区分してきており，徐々にポスト団塊ジュニア世代に消費志向が近づいている部分もあるが，Ｚ世代においては価値観の面でも消費の面でも「つながり志向」は依然としてマーケティングにおけるキーワードとなる。

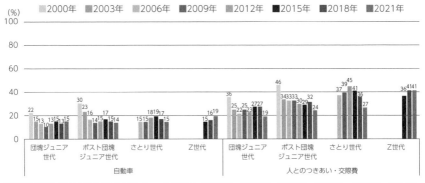

（出所）NRI「生活者1万人アンケート調査」（2000年，2003年，2006年，2009年，2012年，2015年，2018年，2021年）

[2] Z世代の「つながり志向」は「ぶどう型コミュニティ」がカギ

　Z世代ではスマートフォンの活用，特にSNSによって多様な人間関係を築く傾向にある。週1回以上つきあいのある人について，「学生時代や子どものころに知り合った友人」と回答した割合はポスト団塊ジュニア世代やさとり世代よりも高く，また「インターネットなど通じて知り合った友人」が2割程度まで存在する（図表5-18）。その人間関係は，高校・大学の友達であったり，同窓会や成人式があればそれがきっかけですぐに小学校・中学校のSNSグループができてしまう。就職活動時期でもインターンへ参加すれば，参加者でSNSグループが形成されるし，内定後は内定者同士のグループが形成され，入社前から仲が良い。

　きっかけがあれば，瞬時に多様なグループが形成される様子は，まるでぶどうの房のような形であろう。人によっては，SNSのアカウントを複数保有し，コミュニティによって使い分ける器用さも身に付けている。「競争より協調」を重視するこの世代はどのグループの交流でも適度に関わりを持ち続ける。その人の趣味・嗜好に合うようなグループに出会うことができれば，長くそのグ

ループに留まることになる。SNSへの発言も積極的であるので，最終的には消費行動に影響力をもつ「インフルエンサー」として成長する可能性もある。若年層のSNSグループへの関わり方に着目し，企業側として個々のターゲット層との顧客接点を長く保つことが重要である。

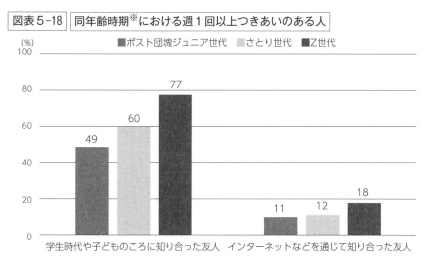

| 図表5-18 | 同年齢時期※における週1回以上つきあいのある人 |

※ポスト団塊ジュニア世代は2000年調査（18歳～24歳），さとり世代は2006年調査（15歳～23歳），Z世代は2018年調査（15歳～23歳）のデータをそれぞれ使用
（出所）NRI「生活者1万人アンケート調査」（2000年，2006年，2018年）

［3］「つながり志向」の一方で，つながり疲れからくる「一人志向」に目を向けよ

Z世代は「つながり志向」の高い世代であるが，つながり続けることに疲れてしまう「つながり疲れ」の可能性も示唆される。図表5-5において「気の合った仲間さえ分かってくれれば良い」意識がZ世代では特に高く，2021年調査でも高まっていた様子からも，何でもかんでも人とつながるのではなく，「気の合った仲間」とつながっていたいのが本音だろう。

しかし，簡単に人とつながりやすいインターネット環境においては，SNS等

を介して一度つながってしまったら自分から切ることもできず，その関係性はいつまでも続く。そして人間関係の疲弊へとつながることもある。「つながり志向」が重要なキーワードである一方で，たまにはそのつながりから解放される「一人志向」もまた，Ｚ世代へのアプローチのヒントとなるだろう。

　インターネット調査になるが，2021年12月に実施した生活者年末ネット調査において，「SNS利用やSNSによって他者とつながること，コミュニケーションを取ることに疲れを感じるか」について調査したところ，SNS利用者のSNS疲れは，男性よりも女性において高い傾向があり，女性においては若年層ほど高い傾向にあった（男性では年代の違いはあまりみられない）。

　Ｚ世代について集計すると，50％（Ｚ世代以外では53％）の割合でSNS疲れの人が存在している。Ｚ世代はデジタルネイティブな世代にもかかわらず，半数程度がSNS疲れを起こしており，特にＺ世代女性においては61％の人が該当している。SNS疲れの理由として，特にＺ世代女性では「友達やフォロワーの投稿を見て自分と見比べてしまう（41％）」ことや，「自分が投稿した内容に『いいね』や共感コメントが得られるか不安になる（39％）」ことが挙げられている（図表5-19）。他者からの評価が気になるといわれるＺ世代は，自ら情報発信をしたい気持ちはあるものの，自分が発信した内容が周囲の人の感覚と外れていないか，周りの人から共感を得られないのではないか，ということに関する不安が大きく，SNS投稿に疲弊してしまう人が少なからずいることが分かる。

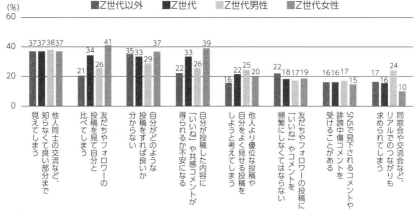

図表5-19　SNS疲れの理由

（SNS利用者の内SNS疲れを感じている人，Z世代とZ世代以外比較）

■Z世代以外　■Z世代　□Z世代男性　■Z世代女性

（出所）NRI「生活者年末ネット調査」（2021年12月）

また，SNS疲れのある人ほど一人で行動したい傾向もある。「買い物や外食，レジャーなどのプライベートにおいて，進んで一人で行動することがあるか」について調査したところ，「進んで一人で行動することがある」人の割合は，SNS疲れがないと感じる人でも69％いるが，SNS疲れを感じる人では84％存在する。進んで一人で行動する理由について，Z世代女性では「スマートフォン利用によって一人でいつでもどこでも時間つぶしができるから（44％）」が高いことから，スマホ活用が一人行動を促進しているものと考えられるが，「他人とつながることにわずらわしさを感じるようになったから（42％）」も高く，SNSコミュニケーションにより常に他者とつながることへの疲れも一人行動の理由としては大きい（図表5-20）。

ちなみに，SNS利用者の内，SNS疲れを感じる人の割合は，進んで一人で行動したことがある層では55％，一人行動しない層では35％存在した。本調査では，普段の一人行動有無や一人行動の頻度を調査していないため，SNS疲れと一人行動との相互関係は十分明らかにできないが，普段から一人行動をするタ

イプの人の方が，SNSとの付き合い方が分からず，SNS疲れを感じやすくなるといった可能性も考えられる。

図表5-20 進んで一人行動する理由

（進んで一人で行動する人，Z世代とZ世代以外の比較）

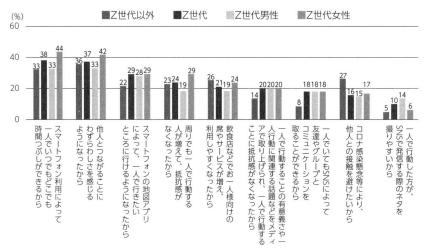

■ Z世代以外　■ Z世代　□ Z世代男性　▨ Z世代女性

理由	Z世代以外	Z世代	Z世代男性	Z世代女性
スマートフォン利用によって一人でいつでもどこでも時間つぶしができるから	33	38	33	44
他人とつながることにわずらわしさを感じるようになったから	36	37	33	42
スマートフォンの地図アプリによって，一人で行きたいところに行けるようになったから	22	29	28	29
周りでも一人で行動する人が増えて，抵抗感がなくなったから	23	24	19	29
飲食店などでお一人様向けの席やサービスが増え，利用しやすくなったから	26	21	19	24
一人で行動することの有意義さや一人行動に関連する話題などをメディアで取り上げられ，一人で行動することに抵抗感がなくなったから	14	20	20	20
一人でいてもSNSによって友達やグループとコミュニケーションを取ることができるから	8	18	18	18
一人でいてもSNSによって友達やグループと他人との接触を避けたいから	27	16	15	17
一人で行動した方が，SNSで発信する際のネタを撮りやすいから	5	10	14	6

（出所）NRI「生活者年末ネット調査」（2021年12月）

一人行動への抵抗感がない活動で，世代差が少ないものとしては，「蕎麦，牛丼などのチェーン店」「ファミリーレストラン」の利用や一人での「国内旅行」などが挙げられている（**図表5-21**）。また，Z世代男性では，「登山，キャンプなどのアウトドア系レジャー」，「焼肉，食べ放題などのグループ利用が多い店」，「居酒屋」，「海外旅行」および「ディズニーランドなどのテーマパーク」に関して，その層以外の人たちに比べて10ポイント以上も一人行動への抵抗感が低い。"ソロキャン"や"ひとりディズニー"などの用語が定着するほど，Z世代男性では一人行動への受容性は高い。しかし女性については，**図表5-20**で示されるとおり，一人行動に対するニーズは男性同様にあるものの，**図表5-21**で示されるとおり，カラオケなど一部を除いて実際に一人行動

をすることへの抵抗感は強いことがうかがえる。

　Z世代にとっては，SNSに疲れていても簡単にはその利用を止められるものではないが，たまにはSNSから解放されたい気持ちから，一人行動に向かうニーズは確かにあると考えられる。したがって，女性でも気兼ねなく安心して一人行動ができる環境を整えていくことや，図表5-20において，Z世代女性では一人行動をする理由の一つとして「周りでも一人で行動する人が増えて，抵抗感がなくなったから」が高かったことからも，インフルエンサーを活用するなどして一人行動の良さや体験を広めていくことで，自分にとって身近な人が一人行動をしているといった情報が，女性の一人行動の後押しになるだろう。男性層におけるソロキャンプのような新需要を女性層で掘り起こすことは，企業にとってビジネスチャンスとなるが，同時にZ世代のSNS疲れという課題への対応につながれば，社会的にも意義があるものとなる。

図表5-21　一人行動に抵抗感のない活動※

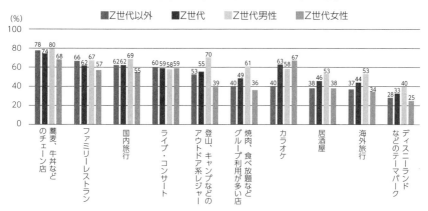

（進んで一人で行動する人，Z世代とZ世代以外の比較）

■Z世代以外　■Z世代　　Z世代男性　■Z世代女性

※「抵抗感はない」，「どちらかといえば抵抗感はない」，「どちらかといえば抵抗感がある」および「抵抗感がある」の4段階で調査し，「抵抗感はない」と「どちらかといえば抵抗感はない」の合計値を表示している。
（出所）NRI「生活者年末ネット調査」（2021年12月）

Z世代はデジタルネイティブな世代であり，他者とつながりやすく，他者とのコミュニケーションが器用な世代である。しかし，他者の目を気にし，消費においても他者からどう見られるかを意識する世代であるため，時折つながり疲れを見せるなどセンシティブな世代でもある。これらの特徴は「失敗したくない」気持ちからくる超安定志向が価値観・行動の源泉となっている。本章の最後に紹介した「一人行動」ビジネスはZ世代の特徴である「つながり疲れ」を解消することをヒントとしているが，こうしたZ世代が抱えるペインポイントの解消にはビジネスチャンスが埋まっている。超安定志向を起点とするZ世代のユニークな特徴を理解することで，次の消費を台頭するであろう新しい世代への攻略に役立ててもらいたい。

本書で取り上げた，主なNRI独自アンケート

■NRI生活者１万人アンケート調査（1997年，2000年，2003年，2006年，2009年，2012年，2015年，2018年，2021年）

　NRIでは，1997年より３年ごとに，生活者１万人に対して，訪問留置法（調査員が家庭を直接訪問して調査票の記入依頼を行い，後日調査票を回収する調査方法）による大規模アンケート調査を実施し，インターネットの利用によらない日本人の縮図を長期時系列で把握している。サンプル数や調査項目等の調査概要は以下のとおりである。

- 調査手法：訪問留置調査
- 対象者：全国の満15〜69歳の男女個人。2012年調査から対象者を満15〜79歳に拡大
- サンプル数：10,052人（1997年），10,021人（2000年），10,060人（2003年），10,071人（2006年），10,252人（2009年），10,348人（2012年），10,316人（2015年），10,065人（2018年），10,164人（2021年）
- サンプル抽出方法：層化二段無作為抽出法
- 主な調査項目：生活価値観，人間関係，就労スタイル，消費価値観，消費実態，余暇・レジャー，生活設計など，日常生活や消費動向全般

※過去の調査結果と時系列で比較する際には，2012年および2015年調査データのサンプルを15〜69歳に限定し，それぞれサンプル数は8,821人（2012年），8,718人（2015年），8,431人（2018年），8,297人（2021年）としている。

■NRI「生活者年末ネット調査」（2012年，2013年，2014年，2015年，2016年，2017年，2018年，2019年，2020年，2021年，2022年）

- 調査手法：インターネット調査
- 対象者：全国の満15〜69歳の男女個人
- サンプル数：約3,000人
- 主な調査項目：生活価値観，消費価値観などの日常生活や消費動向全般や情報収集の仕方，消費行動におけるリアルとネットの使い分けなど

■NRI「新型コロナウイルス感染拡大による影響調査」（2020年3月，2020年5月，2020年7月）

- 調査方法：インターネット調査
- 対象者：全国の満15〜69歳の男女個人
- サンプル数：約3,000人
- 主な調査項目：生活価値観，消費価値観などの日常生活や消費動向全般，ICT利用実態，テレワーク実施状況など

＜著者紹介＞

林　裕之（はやし・ひろゆき）

野村総合研究所　マーケティングサイエンスコンサルティング部　シニアコンサルタント
2009年東京大学大学院新領域創成科学研究科先端エネルギー工学専攻修了後，グローバルコンサルティングファームを経て，2015年野村総合研究所入社。専門領域は，生活者の意識・行動分析，需要予測などの予測モデル構築，購買実績データによる顧客の購買行動特性分析など，データに基づくマーケティング活動支援や戦略立案。
これまで執筆した書籍（共著）に『なぜ，日本人は考えずにモノを買いたいのか？』（2016年，東洋経済新報社），『日本の消費者は何を考えているのか？』（2019年，東洋経済新報社），『日本の消費者はどう変わったのか？』（2022年，東洋経済新報社）がある。

データで読み解く世代論

2023年9月25日　第1版第1刷発行
2024年4月10日　第1版第4刷発行

著　者　林　　　裕　之
発行者　山　本　　　継
発行所　㈱中　央　経　済　社
発売元　㈱中央経済グループ
　　　　パ ブ リ ッ シ ン グ

〒101-0051　東京都千代田区神田神保町1-35
電話　03（3293）3371（編集代表）
　　　03（3293）3381（営業代表）
https://www.chuokeizai.co.jp
印刷／三英グラフィック・アーツ㈱
製本／㈲井 上 製 本 所

© 2023
Printed in Japan

＊頁の「欠落」や「順序違い」などがありましたらお取り替えいたしますので発売元までご送付ください。（送料小社負担）
ISBN978-4-502-47551-1　C3034